कितने पर्दे और उठाऊँ

(प्रतिनिधि कविताएँ)

बलवीर सिंह 'करुण'

डायमंड बुक्स

प्रकाशक : डायमंड पॉकेट बुक्स (प्रा.) लि.
X-30 ओखला इंडस्ट्रियल एरिया, फेज-II
नई दिल्ली-110020
फोन : 011-40712200
ई-मेल : sales@dpb.in
वेबसाइट : www.diamondbook.in
मुद्रक : रेप्रो (इंडिया)

Kitne Parde or Uthaun
Balvir Singh 'Karun'

पर्दे तो उठाने ही होंगे

मेरे अनेक मित्रों का वर्षों से आग्रह रहा है कि मेरी प्रतिनिधि कविताओं का एक संकलन प्रकाशित किया जाये। इस विचार को साकार करने की दिशा में मुझे सर्वाधिक प्रेरित किया मेरे आत्मीय युवा कवि डॉ. प्रवीण शुक्ल ने। उनके अनुरोध को दृष्टिगत रखते हुए मैंने अपनी पूर्व प्रकाशित पुस्तकों में से वे सभी कविताएँ छाँटी हैं जो पाठकों और श्रोताओं द्वारा सराही जाती रही हैं। कुछ ऐसी भी रचनाएँ इस संकलन में हैं जो मुझे बहुत प्रिय लगती रही हैं। वीर रस में मंचों पर जमना मेरी नियति रही है तो साहित्यिक गीत रचना और उनमें रमना मेरी प्रकृति है। इन दोनों रूपों का दिग्दर्शन यह संकलन करायेगा, ऐसा मेरा विश्वास है।

कई बार मुझे लगा है कि हमसे पहले हर क्षेत्र में इतना विपुल और श्रेष्ठ सृजन हो चुका है तो हमारा लेखन आवश्यक भी है क्या? और अगर लिख भी लिया तो यह हमारे पूर्ववर्ती रचनाकारों जैसा श्रेष्ठ तो हो ही नहीं सकता। इसी ऊहापोह में कभी स्वर उभरे थे

कितना-कितना लिख गये लोग
कैसा-कैसा, हमसे पहले
वे रहे बादशाह औ' इक्के
हम ज़्यादा से ज़्यादा दहले

मन को मथता ही रहता है
यह द्वन्द्व तर्क औ' चिन्तन का
क्या लिखना अब भी शेष
कि लिखना मजबूरी?

इसी के साथ-साथ एक और प्रश्न मन को झकझोरा करता है

रह-रह कर प्रश्न उठा करता
हर रचना के पहले-पीछे
इस श्रम की सार्थकता क्या है
हम किस-किस से ऊपर नीचे?

चिन्तन के इस भँवर जाल से उबर भी गये, मुक्त भी हो गये तो अपने अस्तित्व की क्षणभंगुरता आँखों में तैर जाती है

ढलता सूरज साँझ कान में बोल गया
उड़ता बादल उसी कथ्य को तोल गया
आगे पीछे ठाँव छोड़ना ही होगा
पाँसे, चौसर दाँव छोड़ना ही होगा

बड़ा ही निर्मम सत्य है यह तथ्य कि जाल समेटने का क्षण कभी भी सामने आ सकता है। इस दहकते-धधकते प्रश्न-वन के बीच स्थितप्रज्ञ रहना आसान है क्या? नहीं है। तो भी शव होकर पड़े रहना भी तो शुभ नहीं है। बुझने से पहले कुछ दीप्ति तो बिखेरनी ही चाहिए। यही सोचकर जीवन का हर कार्य करना पड़ता है, करना चाहिए और इसीलिए पर्दे उठाने का क्रम भी अनवरत जारी रहना चाहिये।

इस संकलन में पूर्व प्रकाशित कविताओं के साथ मेरी दो दर्जन नवीन कविताएँ भी हैं। इस प्रकार मेरे यौवन से चौथेपन तक के रचनाकर्म और चिन्तन का लेखा-जोखा संक्षेप में ही सही इस पुस्तक में पाठकों को मिल जायेगा।

अपने यौवन और रचनाकर्म के उषाकाल में कभी एक मनस्थिति को मैंने अनगढ़ से शब्द दिये थे

अपने आप क्षितिज का पर्दा
झट उठ जाये
मैं उस पार निकल जाऊँ तो
झट गिर जाये
क्या जानूँ, उस पार मिलेंगे
या कि नहीं ये चाँद सितारे
कैसा मौसम, कैसा जीवन
क्या कुछ होगा
लेकिन फिर भी
इस जग से तो
लाख गुना बेहतर ही होगा।

श्रद्धा यहाँ स्वार्थ से जन्मी

प्यार वासना में लिपटा है
पूजा के पावन दामन में
सात पर्त के भीतर लिपटा
पाप छुपा है

इसीलिए तो इस दुनिया से
दूर कहीं भी
हो जाने को मन करता है।
आज कहीं पर
खो जाने को मन करता है।।

इस आरम्भिक रचना से लेकर आज तक मैंने लाखों जतन किये किन्तु मेरे बलवीर और करुण की दोस्ती मैं भंग नहीं करा पाया। रोते-रोते हँसना और हँसते-हँसते रो पड़ना यही मेरा मूल स्वभाव रहा है। इस संकलन की विभिन्न कविताओं में पाठकों को मेरे दोनों सर्वनामों के प्रतिरूप झाँकते मिल जायेंगे। इनमें प्रथम पुरुष कौन सा है और अन्य पुरुष कौन सा, यह निर्णय भी उन्हीं पर छोड़ता हूँ क्योंकि इस पहेलीनुमा प्रश्न का उत्तर मेरी समझ में तो अभी तक आया नहीं। मई 2010 के पूरे एक माह की साहित्यिक यात्रा करके मैं अमेरिका से लौटा हूँ। हिन्दी यू.एस.ए. संस्था के आमन्त्रण पर मैं वहाँ दो युवा कवियों डॉ. कुमार विश्वास और डॉ. जगवीरसिंह राठी के साथ गया था। वहाँ यों तो विचार गोष्ठियों और कवि सम्मेलनों के दर्जनों कार्यक्रमों में हमने अपनी प्रस्तुतियाँ दी किन्तु लास ऐंजिल्स के कवि सम्मेलन की चर्चा करना यहाँ प्रांसगिक रहेगा। वह कार्यक्रम वरिष्ठ नागरिकों के बीच था। यों तो भाषण देते समय अथवा काव्य पाठ करते समय सहसा भावुक हो उठने की स्थिति कई बार आती रही है किन्तु मैं स्वयं को संतुलित करते हुए आगे बढ़ता रहा हूँ, रुका कभी नहीं। लास ऐंजिल्स के उस कवि सम्मेलन में एक हज़ार से अधिक ही स्त्री-पुरुष श्रोता रहे होंगे। अपनी नवीनतम रचना ''प्रवासी पुत्रों के नाम'' मैंने प्रस्तुत करनी आरम्भ की। भारत माता का सन्देश है इस रचना में। जैसे ही मैं इन पंक्तियों पर आया

एक दर्द सबका साझा है
माँ हो, नभ हो, पर्वत, डाली
सबका दिल टूटा करता है
सीने रह जाते हैं खाली

मेरा भी दिल ही टूटा था
जब तुम गये छोड़कर गोदी
जाने कैसे-कैसे रोके
इन नयनों से झरते मोती

तो अचानक मेरी आँखों से अश्रुधार झर-झर बह निकली, जीभ मानो तालू से

चिपक गई और कंठ अवरुद्ध हो गया। मैं माइक का सहारा लेकर जड़वत खड़ा हो गया। मंच पर बैठे जगबीर राठी की ओर देखा। स्थिति को भाँपकर वह पानी का गिलास लेकर झटपट मेरे पास आया। मैंने घंटों लम्बे भाषण दिये हैं, डेढ़-डेढ़ घंटे काव्य पाठ किया है, तिवरी (जोधपुर) में तो पूरे ढ़ाई घंटे काव्य पाठ किया था किन्तु न कभी कहीं पानी पीया और न विराम लिया किन्तु उस दिन पानी भी पीया और गुमसुम निःशब्द जड़वत खड़ा रह गया। पानी पीकर जब प्रकृतिस्थ होकर पहला वाक्य बोला तो तब तक सर्प सूँघा सा चुपचाप बैठा श्रोता समूह खड़ा होकर तालियाँ बजाने लगा। कविता पूरी होते ही पुनः वही मंज़र फिर उपस्थित हो गया। इसीलिए कह रहा हूँ कि मेरे बलवीर से करुण को विलगाना असम्भव है। यह बात अलग है कि वे दोनों रूप एक दूसरे पर हावी होते रहे हैं यथा

मेरी किसी हथेली पर भी
सुख की बनी लकीर नहीं
लेकिन चक्की जिसके रुलादे
ऐसा करुण कबीर नहीं

* * *

आज उम्र के इस ढलान पर
अपनी आदत क्या बदलूँगा
यह बलवीर करुण हो चाहे
पर इतना मजबूर नहीं है
और आग का साथ छोड़ना
मुझे रहा मंज़ूर नहीं है

ओह! मैं भी कहाँ अपना ही भाष्य करने बैठ गया। यह कार्य तो आपका है मेरे पाठक मित्रो! केवल आपका। सो मेरी इस ग्यारहवीं काव्य-कृति को आपको सौंपकर मैं तो चुप हो रहा हूँ, आगे आप जानें।

और हाँ, डायमण्ड प्रकाशन यदि इसे प्रकाशित करने का जोखिम न उठाता तो यह सारा तामझाम व्यर्थ ही रहता। आजकल कविता की पुस्तक प्रकाशित करना बड़ा ही दुस्साहसिक सत्साहस है। इसलिए डायमण्ड प्रकाशन के प्रति भी अपना विनम्र आभार व्यक्त करना मेरा कर्त्तव्य है। प्रिय डॉ. प्रवीण शुक्ल को तो स्नेहाशीष ही प्रदान कर सकता हूँ। बस, और क्या?

बलवीर सिंह 'करुण'

अनुक्रम

वागीशा से

पावन पद-पकंज की रज को
तजकर किस ठौर रहूँगा माँ!
मन की पीड़ा तुमसे न कहूँ तो
किससे और कहूँगा माँ!

मैं लेने आया निज के हित
आशीष और वरदान नहीं
साहित्य-गगन का लघु तारा
मेरी कोई पहचान नहीं

मैं नटखट रहा जन्म से ही
अटपटी रही मेरी वाणी
खटपट करने का अभ्यासी
अनगिनत रही हैं शैतानी

शैतानी कर सकता वह ही
जिसको सर्वाधिक प्यार मिले
वह ही समझेगा जय का सुख
जिसको भीषणतम हार मिले

मेरी नादानी पर हँसदी
हँसदी मेरी शैतानी पर
मैं मुँहफट हुआ इसी कारण
तुम हँसी सदा हर वाणी पर

अब ढीठ हुआ, पक गई उमर
क्या सद्व्यवहार गहूँगा माँ!

मन की पीड़ा तुमसे न कहूँ तो
किससे और कहूँगा माँ!

बचपन के एक सुखद क्षण में
तुमने सौंपी थी एक कलम
मैं विस्मित और चकित सा था
तुमने सौंपी जब एक कलम

वह जीवन का अनुपम क्षण था
तुमने सौंपी जब एक कलम
वह दिव्य अलौकिक शुभ क्षण था
तुमने सौंपी जब एक कलम

तुमने जो श्रुति पुट में फूँका
वह मन्त्र मुझे भूला न कभी
तुमने जो पावन तन्त्र दिया
वह तन्त्र मुझे भूला न कभी

मैं तन से भले सुदामा था
पर मन से भूप रहा हूँ माँ
तेरे घर की मर्यादा के
हरदम अनुरूप रहा हूँ माँ

कुल-परम्परा की रक्षा हित
आफत घनघोर सहूँगा माँ!
मन की पीड़ा तुमसे न कहूँ तो
किससे और कहूँगा माँ!

तेरे अक्षय भंडारों से
जो कोई कलम चुरा लाये
आँगन, कोने में पड़ी हुई
या टूटी कलम उठा लाये

आरोप-पत्र तेरे विरुद्ध
उन ही कलमों से लिखते हैं

उनके पोथे बन आर्ष ग्रंथ
लाखों-लाखों में छपते हैं
जनता ने उन्हें महान कहा
अखबारों ने विद्वान् कहा
सत्ताधीशों के कानों को
उनका ही वचन प्रमाण रहा

वह जीर्ण कलम ही उनके हित
लक्ष्मी का शुभ वरदान हुई
वे कलमचोर हो गये सेठ
इतिहासों में पहचान हुई
यह उल्टी माया देख-देख
मन ही मन रोज दहूँगा माँ!
मन की पीड़ा तुमसे न कहूँ तो
किससे और कहूँगा माँ!

मैं आदर्शों की ध्वजा उठा
आस्था का चन्दन मल तन पर
निष्ठा का तिलक भाल पर दे
संस्कृति की अमिट छाप मन पर
अपनी माटी की गंध भरे
गीतों को गाता फिरता हूँ
अपने पुरखों की शौर्य कथा
अविरत दोहराता फिरता हूँ

चाहे युग की दुत्कार मिली
चाहे चिढ़ते दरबार रहे
मेरे गीतों के कंठों में
भू माता के जयकार रहे
फिर भी लांछन, अपमान, घृणा
उपहास मुझे उपहार मिले

क्या यही प्रथा है इस घर की
उत्तर दे माँ इस बार मुझे।

वरना इस अशुभ कलम को ही
अबके अलविदा कहूँगा माँ!
मन की पीड़ा तुम से न कहूँ तो
किससे और कहूँगा माँ!

उत्तर तो क्या दोगी मुझको
ओठों पर अँगुली धर दोगी
बस कान खींच, मीठी झिड़की
देकर पल में चुप कर दोगी

इसलिए छोड़कर व्यर्थ बहस
फिर से ले कलम उठाता हूँ
जो स्वर मेरा सबसे प्यारा
फिर उस ही स्वर में गाता हूँ

जीवन भर बोये अंगारे
आगे भी इनको बोना है
इस ढलती हुई उमरिया में
क्या ख़ाक मुसलमाँ होना है

मेरे पुरखे थे चाहमान
मुझमें चौहानी वही खून
मेरी पलकों में पलता है
अब भी वो ही पावन जुनून

उस परम्परा से कटकर मैं
किस धारा बीच बहूँगा माँ!
मन की पीड़ा तुमसे न कहूँ तो
किससे और कहूँगा माँ!

▼▼

कितने पर्दे और उठाऊँ

शब्दों का पावन गुलदस्ता
बोलो किसकी ओर बढ़ाऊँ
श्रद्धा के सुमनों की माला
से मैं किसका कंठ सजाऊँ

कदम-कदम पर चोर लुटेरे
कैसे उनकी महिमा गाऊँ
कभी-कभी मेरा मन कहता
सौ दो सौ के शीश उड़ाऊँ

ऐसा भी कर सकूँ नहीं तो
अपना गला काट मर जाऊँ
मैं तुम सबसे पूछ रहा हूँ
बोलो कैसा गीत सुनाऊँ?

उजली-उजली पोशाकों में
छुपा-छुपा सब करतब काले
मक्कारों की धूर्त्त मंडली
राजमहल में डेरा डाले

कोई नहीं टोकने वाला
चाणक्यों ने चुप्पी साधी

गली-गली में घूम रहे हैं
नकली गौतम, नकली गाँधी

सारी सीमाएँ टूटी हैं
सिर से गुज़र गया है पानी
डूबेगा ही देश समूचा
होनी ही है ख़त्म कहानी

मैं पागल सा घूम रहा हूँ
अब किसको आवाज़ लगाऊँ?
मैं तुम सबसे पूछ रहा हूँ
बोलो कैसा गीत सुनाऊँ?

मेहनत की खानेवालों के
चूल्हे कई दिनों से ठंडे
भगवानों के भोग-चढ़ावे
गठरी बाँध ले गये पंडे

घासलेट तक नहीं मयस्सर
पूजा के दीपक खाली हैं
धूआँ पहन बातियाँ लेटी
धूल सनी औंधी थाली हैं

कथा-कीर्तन के ठेके भी
रसियाओं के नाम छुटे हैं
अपने ही भक्तों के हाथों
राम और घनश्याम लुटे हैं

हर पर्दे के पीछे क ातिल
कितने पर्दे और उठाऊँ?
मैं तुम सबसे पूछ रहा हूँ
बोलो कैसा गीत सुनाऊँ?

ग़द्दारी पग-पग सम्मानित
देशभक्ति को देश निकाला
हाथी और अधिक मुटियाए
चींटी का छिन गया निवाला

ठाकुर जी ठकुराई भूले
सन्तों ने त्यागी सन्ताई
पाण्डव दल हैरान खड़ा है
कान्हा भूल गये चतुराई

रामायण की जगह घरों में
पाठ चल रहा कंसायण का
संसद में भरपूर समर्थन
लोकतन्त्र के चीर हरण का

भाँग गटक सो रही जवानी
कैसे इसको आज जगाऊँ?
मैं तुमसे सबसे पूछ रहा हूँ
बोलो कैसा गीत सुनाऊँ?

▼▼

बागी हूँ तो इसीलिए

सच्चाई कहने को वाणी
सच लिखने को कलम मिली
ज़ोर जुल्म से टकराने की
आदत जिनके करम लिखी

मैं उस कुल का ही जाया हूँ
बागी हूँ तो इसीलिए।
स्वर्ग छोड़ इस धरती का
अनुरागी हूँ तो इसीलिए।।

मेरे पास शब्द की दौलत
औरों से तो ज्यादा थी
मेरी बतकहनी की हिक मत
औरों से तो ज़्यादा थी

दरबारों में मेरी शोहरत
औरों से तो ज़्यादा थी
मेरे अभिवादन की ताकत
औरों से तो ज़्यादा थी

फिर भी डबल रोल का अभिनय
जान बूझकर किया नहीं

समझौतों का नेक मशविरा
हमदर्दों का सुना नहीं

अख़बारों के मुख पृष्ठों पर
चाहूँ तो मैं भी छाऊँ
लेकिन राजमहल का रस्ता
सोच समझकर चुना नहीं

मुझे खरीद नहीं पाई हैं
अब तक बोली बड़ी-बड़ी
मंडी वालों की गर्दन की
फाँसी हूँ तो इसीलिए।
बागी हूँ तो इसीलिए।।

मेरा वतन मुबारक मुझको
उजला हो या मैला हो
और कफ न की ठौर धूलि का
आँचल तन पर फैला हो

गली पार की वेश्याओं से
हमने जोड़ी प्रीत नहीं
औरों की जूठन पर पलना
इस कुनबे की रीत नहीं

हाथी शीश कुचलदे चाहे
माँग मधूकरि खानी हो
या फिर स्याह सलाखों पीछे
पूरी उमर खपानी हो

लेकिन अंगारों की खेती
करते रहे करेंगे ही
नागों के फन-फन पर एड़ी
धरते रहे धरेंगे ही

आँख कान गिरवी धरने को
मेरा कवि तैयार नहीं
कुछ लोगों के लिए ग़ैर
जनवादी हूँ तो इसीलिए।
बागी हूँ तो इसीलिए

मेरी जन्म कुण्डली पूरी
भरी पड़ी उत्पातों से
मेरे गीतों की तकदीरें
जुड़ी हुई फुटपाथों से

मेरी किसी हथेली पर भी
सुख की बनी लकीर नहीं
लेकिन चक्की जिसे रुलादे
ऐसा 'करुण' कबीर नहीं

काट अँगूठा चरण धरूँ जो
ऐसा भोला शिष्य नहीं
दृष्टा बनना जान गया हूँ
अब मैं केवल दृश्य नहीं

धर्मराज के आदेशों पर
चीर हरण पर मौन रहूँ

ऐसा कायर पार्थ नहीं जो
ज़ुल्मों को चुपचाप सहूँ

लक्ष्मण जैसा मुँह फट हूँ मैं
नहीं राम सा मृदु भाषी
युग के परशुराम का भी
अपराधी हूँ तो इसीलिए।
बागी हूँ तो इसीलिए।।

▼▼

सच कहना बड़ा ज़रूरी है

सच का कह देना बड़ा कठिन
सुनकर सह लेना और कठिन
लेकिन मुझको कहना होगा
तुमको सुनकर सहना होगा

यह दौड़ कागजी घोड़ों की
यह घिसी-पिटी नाटकबाज़ी
अफ सर-अफ सर, दफ्तर-दफ्तर
फाइल-फाइल ये लफ्फाजी

ये पुरस्कार, ये अभिनन्दन
प्रायोजित सारे आयोजन
सब कुछ तो पहले से तय है
पर भाग दौड़ है बिन कारण

मैं खूब समझता हूँ मित्रो!
तुम सबकी तो मजबूरी है।
पर हम तो कवि हैं, बागी हैं
सच कहना बड़ा ज़रूरी है।।

हम अग्निवंश में जन्मे हैं
पलते निशि दिन तूफानों में

हाटों में बिकते नहीं और
सजते न कभी दूकानों में

फुटपाथों के हम मीत रहे
साथी नुक्कड़ चौराहों के
नयनों में खटके काँटे से
इस कारण नौकरशाहों के

खोटे बाटों से तुले नहीं
हम अवसरवादी मंडी में
पर बड़े ठाठ से चलते हैं
कीचड़ वाली पगडंडी में

शायर हैं, सिंह, सपूत रहे
इसलिए लीक पर चले नहीं
समझौतावादी नहीं रहे
इसलिए किसी के भले नहीं

इसलिए दर्द हमदर्द रहे
इसलिए सुखों से दूरी है।
हम जन्मजात विद्रोही हैं
सच कहना बड़ा ज़रूरी है।।

मेरे हमराह दोस्तों, हम
बीसवीं सदी के बेटे हैं
दिखने में बड़े भाग्यशाली
लेकिन किस्मत के हेटे हैं

हमने देखा है कत्ल यहाँ
सच्चाई का दोपहरी में
हंसों को मुज़रिम ठहराना
कौवों की भरी कचहरी में

न्यायालय के सिर पर पड़ती
सत्ता की ठोकर देखी है
जो कलम वेद रच सकती थी
कुर्सी की नौकर देखी है

सच कहूँ अगर तो मरण यहाँ
चुप रहूँ अगर तो मरण यहाँ
जो जितना बड़ा लुटेरा है
उतना ही पूजित चरण यहाँ

मक्कारी के घर खुद्दारी
करती देखी मजदूरी है।
हम सरस्वती के बेटे हैं
सच कहना बड़ा ज़रूरी है।।

आओ लावा बनकर धधकें
बारूद बनें, विस्फोट करें
इस भ्रष्ट व्यवस्था के घर पर
हल्ला बोलें कुछ चोट करें

हम क्यों टाँकें इनके बिल्ले
हम क्यों थामें उनके झंडे
है फर्क सिर्फ हथकंडों का
सब एक घाट के हैं पण्डे

अपनी पीढ़ी के चेहरे का
हर दाग हमें ही धोना है
इस अंधकार के जंगल में
उजियार हमें ही बोना है

यों शीश झुकाकर मत बैठो
आओ उठकर हुंकार भरो
ये सारी राह तुम्हारी हैं
आगे बढ़कर अधिकार करो

शोषण का रावण जिन्दा है
रामायण अभी अधूरी है।
हम हर खतरे से वाकिफ हैं
सच कहना मगर ज़रूरी है।।

▼▼

श्रोताओं के नाम

बोलो हे प्यारे श्रोताओ!
अब गीत कौन-सा गायें हम।
कितने घटियापन पर उतरें
जो सबके मन को भायें हम।।

कुल-वधुओं के सपने लेकर
कविता आ गई सभाओं में
लेकिन मुजरे वाली बाई
समझा हर तरफ निगाहों ने

तुलसी ने था आशीष दिया
आश्वासन सूर कबीरा ने
यह ऋषियों वाला देश सखी
समझाया इसको मीरा ने

लेकिन अनुभव कुछ और रहा
हर दिशि फूहड़ माहौल मिला
लफ्फाजी और चुटकलों का
मंचों पर ज्यादा मोल मिला

खुदकशी तलक तैयार हुई
कैसे इसको समझायें हम।
अब गीत कौन सा गायें हम।।

दोहरे अर्थों वाली भाषा
ये नौटंकी नाटकबाजी

आसानी से कर सकते हैं
हम भी हल्की भाषणबाजी
पर हमें रोकती परम्परा
दिनकर, प्रसाद औ' बच्चन की
वे दीपशिखा के गीत अमर
भव्यता सुमित्रानन्दन की
संस्कार भवानी भाई के
उज्ज्वलता जौहर ज्वाला की
हर बार टोक देती हमको
वह पावन कसम निराला की
सीने पर धरकर हाथ कहो
क्या इन सबको ठुकरायें हम।
अब गीत कौन सा गायें हम।।

▼▼

कोई गीत नहीं गाऊँगा

जब तक उपवन में डेरा है
पतझर के मेहमान का।
कोई गीत नहीं गाऊँगा
तब तक मीठी तान का।।

मेरे मन में भी आती है
झूमके कजली गाने की
मेरे मन में भी आती है
ढपली उठा बजाने की

मेरा मन भी मचला करता
मेंहदी, महावर, काजल पर
कभी गीत लिखने को कहता
रस बरसाती पायल पर

लेकिन तभी दीख जाता है
लोहू से लथपथ आँचल
बौराई सी भारत माँ का
तन घायल औ मन घायल

तभी लेखनी से कहता हूँ
अंगारे बरसादो री
मेंहदी, महावर, काजल फेंको
चंडी को आराधो री

जब तक एक भी दुश्मन ज़िन्दा
मेरे हिन्दुस्तान का।
कोई गीत नहीं गाऊँगा
तब तक मीठी तान का।।

देशद्रोह की क्रूर आँधियाँ
पल-पल घनी हुई जाती
सच कहता हूँ मुझको तो
रातों में नींद नहीं आती

गद्दारों के स्वागत में भी
हाथ यहाँ पर उठते हैं
मातृभूमि के बँटवारे के
नारे प्रतिदिन लगते हैं

लड़खड़ा रहा इतिहास देश का
डगमग-डग भूगोल हुआ
युगों पुरानी संस्कृति का
सुदृढ़ सिंहासन डोल गया

इधर देश के तरुण कैद हैं
बिंदिया, मेंहदी, काजल में
अलकों पलकों पर रीझे ये
खोये कंगन पायल में

जब तक नाम निशान शेष है
इस ज़ालिम तूफान का।
कोई गीत नहीं गाऊँगा
तब तक मीठी तान का।।

मुझे कुछ दिनों और यही बस
गीत युद्ध के गाने दो
अर्जुन के सोये बेटों को
यूँ ही घूम जगाने दो

ललिता के उजड़े सुहाग की
मैंने कसम उठाई है
हर तारे में लालबहादुर
देता मुझे दिखाई है

तो फिर कैसे महासमर का
पाञ्चजन्य सो जाने दूँ
अलकों पलकों में गीतों को
फिर कैसे खो जाने दूँ

धरती से आकाश तलक
रणघोषों का गूंजे सरगम
आँगन-आँगन टैंक उगादो
खेतों में बो दो एटम

जब तक चलन पड़ौसी बदले
वर्तमान ईमान का।
कोई गीत नहीं गाऊँगा
तब तक मीठी तान का।।

▼▼

मेरा सिर्फ कसूर यही है

कतराने लग गये दोस्त भी
मेरे घर आने-जाने से
क्योंकि आग का साथ छोड़ना
मुझे रहा मंजूर नहीं है।

शायद उनको ज्ञान नहीं है
मेरे कुल की परम्परा में
मान बेचकर शान भोगने
को कोई दस्तूर नहीं है।।

कलम झूठ की शत्रु सनातन
जीभ सत्य की रही सहेली।
इसीलिए तो मेरी कविता
कुछ लोगों को लगी पहेली।।

मेरे द्वार लगा रहता है
हरदम संघर्षों का मेला।
कई बार तो राजभवन से
मैं जाकर भिड़ गया अकेला।।

हर आँधी की राह रोकने
कमर कसे तैयार मिला हूँ

विद्रोहों का वफ ादार हूँ
मेरा सिर्फ कसूर यही है।
और आग का साथ छोड़ना
मुझे रहा मंजूर नहीं है।।

माँ कहती थी जन्म लिया तब
तू ज्यादा ही चिल्लाया था।
बचपन में तो इसका मतलब
मैं भी समझ नहीं पाया था।।

अब समझा, उस चिल्लाहट में
सब आक्रोश उतर आया था।
उस तुतलाहट में ही मैंने
पहला क्रांति गीत गाया था।।

आज उम्र के इस ढलान पर
अपनी आदत पर बदलूँगा
यह बलवीर करुण हो चाहे
पर इतना मज़बूर नहीं है।
और आग का साथ छोड़ना
कभी रहा मंजूर नहीं है।।

दरबारों को रिझा न पाता
ऐसा निपट गँवार नहीं था।
सिंहासन तक पहुँच न पाता
इतना भी लाचार नहीं था।।

कुछ झुक जाता तो सारे सुख
आ बस जाते मेरे द्वारे।
लेकिन मैंने फूल फेंककर
झोली में भर लिये अँगारे।।

बवंडरों से द्वन्द्व युद्ध में
कितना सुख है, वे क्या जानें
प्रभंजनों से आँख मिलाने
तक का जिन्हें शऊर नहीं है।
मुझे आग का साथ छोड़ना
किसी तरह मंजूर नहीं है।।

▼▼

ऐसी मेरे भारत की परम्परा है

जब दिशा भूल इतिहास ठहर जाता है
जब आवारा वातास कहर ढाता है
छुपता फिरता भूगोल कन्दराओं में
आते भीषण भूडोल व्यवस्थाओं में

तब हमने बलिदानों का मार्ग वरा है।
ऐसी मेरी भारत की परम्परा है।।

हम ज्वालाओं में कमल खिलाने वाले
हम कालकूट पीकर मुस्काने वाले
खुद मिट जाते हैं हमें मिटाने वाले
हम बार-बार मरकर जी जाने वाले

हम अनुशासित हैं किन्तु नहीं कायर हैं
हम रणकौशल में बड़े निपुण माहिर हैं
हम तूफानों के पंख कतर लेते हैं
हम मेघों पर हस्ताक्षर कर देते हैं

जब भी भू पर कोई रावण उतरा है।
हमने उसकी छाती पर चरण धरा है।
ऐसी मेरे भारत की परम्परा है।।
जो भस्मासुर हमसे ही वर पाये हैं
वे हमको शायद समझ नहीं पाये हैं

हम प्राण हरण की कला जानने वाले
हम महाकाल से समर ठानने वाले

हम बवण्डरों की गोदी में पलते हैं
हम सूरज के रथ पर चढ़कर चलते हैं
हम बम गोलों से भिड़ पड़ने वाले हैं
हम नहीं गालियों से मरने वाले हैं

जिससे जाने अनजाने युद्ध ठना है।
परिणाम रहा कुत्ते की मौत मरा है।
ऐसी मेरे भारत की परम्परा है।।

हम स्वाभिमान के धनी स्वयं मालिक हैं
हम केवल भारत माँ के वैतालिक हैं
अन्तर में श्रद्धा-दीप सतत ज्योतित है
जो कुछ है अपने पास सिर्फ मौलिक है

हम अंगारों को कुचल निकल जायेंगे
हम चट्टानों को मसल निकल जायेंगे
हमको न्यौते स्वीकार कि मझधारों के
हम ले जायेंगे नाव पार ज्वारों के

हमने श्वानों पर कभी न ध्यान धरा है।
प्राणों में केवल जय का भाव भरा है।।
ऐसी मेरे भारत की परम्परा है।।

▼▼

मेवाड़-वन्दन

सूरज की किरणें हो जाती
जिसको छूकर ज़्यादा पावन
जिसकी गाथाएँ गाने से
इतिहास लगा है मनभावन

जिसके शामिल हो जाने से
नक्शे का मान चौगुना है
जिसके बलिदानों के कारण
भारत का मान सौगुना है

कंकर-कंकर प्रलंयकर है
सुरभित चन्दन-सा कण-कण है।
हे पूजनीय मेवाड़ भूमि!
तेरा वन्दन, अभिनन्दन है।।

न्यौते का बन जाते प्रतीक
पीले कुछ चावल के दाने
उस पियराई की गहराई
पाने वाला ही तो जाने

लेकिन युग-युग से तेरी तो
पूरी घाटी ही पीली है
जिसका तेवर तूफानों सा
जिसकी गाथा गर्वीली है
उसका न्यौता स्वीकार करे
किसमें हिम्मत, किसकी मजाल

उसकी बलिदानी परम्परा
जलती अब भी बनकर मशाल

उसका हर पत्थर शिलालेख
उसका दर्शन, प्रभु दर्शन है।
हे पूजनीय मेवाड़ भूमि!
तेरा वन्दन, अभिनंदन है।।

भारत माता के शीश सजी
तू ही सिन्दूरी रेखा है
थक गया समय लिखते-लिखते
हो सका न पूरा लेखा है

ले जिसे झुकाने का सपना
दुनिया से अकबर चला गया
वह अरावली का भव्य भाल
अब भी वैसा ही तना हुआ

जिसके घोड़े की टापों से
काँपा करते थर-थर भूधर
जिसकी हुंकारें सुनते ही
ज्वारों से भर जाते सागर

वह नर नाहर राणा प्रताप
मेरा कवि उसका चारण है।
हे पूजनीय मेवाड़ भूमि!
तेरा वन्दन अभिनंदन है।।

▼▼

राणा प्रताप की जय बोलो

जिसके मुख मंडल के आगे
सूरज ठंडा पड़ जाता था
कच्ची नींदों में ही अकबर
जिसके भय से जग जाता था

निद्रा में भी जिसकी भौहें
दुश्मन के ऊपर तनी रही
हरदम अरि शोणित की प्यासी
जिसके भाले की अनी रही

छिन गई घास की रोटी भी
जिसकी नन्हीं सन्तानों से
जिसने यह मातृभूमि समझी
बढ़कर देवों, भगवानों से

उसकी महानता टिकी हुई
मुगलों से धर्म बचाने पर
उसका यश अमर कहाता है
अकबर से खंग बजाने पर

यदि उसका बैरी वह अकबर
सचमुच महान जन नायक था

तो उससे भिड़ पड़ने वाला
राणा क्या फिर नालायक था?

था कोई एक बहुत नीचा
दोनों महान् कैसे होंगे
था खोटा एक, खरा दूजा
दोनों समान कैसे होंगे

दुश्मन औ, देशभक्त को तुम
यों एक तुला पर मत तोलो।
अन्तर में भरकर स्वाभिमान
राणा प्रताप की जय बोलो।।

▼▼

देश की माटी दे आवाज़

देश की माटी दे आवाज़
तीर से लपक चलें जाँबाज़
तो किसकी माँ का ऐसा दूध
देश पर आँख उठाये जो।
किसके काँधे पर दो शीश
इधर को पाँव बढ़ाये जो।।

अभागे हैं जो कायर लोग
देश हित जिया नहीं करते
माँगती वसुन्धरा बलिदान
किन्तु वे दिया नहीं करते

देश की तार-तार हो पाग
किन्तु वे सिंया नहीं करते
दूध की ठौर शत्रु का खून
मूर्ख वे पिया नहीं करते

हीजड़ों की दत्तक सन्तान
उन्हें इतिहास बताये तो।
धरा का तनिक न होगा दोष
उन्हें यदि भार बताये तो।।

रक्त का ताज़ा सागर एक
भवानी माँगा करती है
उफन ज्वालामुखि-सी तत्काल
जवानी जागा करती है

गगन की नीली छाती चीर
निशानी टाँगा करती है
महाभारत की यूँ हरबार
कहानी बाँचा करती है

बदल दे ठोक-पीट भूगोल
नया इतिहास रचाये तो।
अचम्भा करें न जग के लोग
कलम गोली बन जाये तो।।

मनोरम माँ की गोदी छोड़
गैर की माँ का वरण करें
अँधेरे अपने आँगन द्वार
पड़ौसी के घर दीप धरें

छोड़ कर राष्ट्र देव के चरण
शत्रु की ड्यौढ़ी नमन करें
उन्हें सागर कब देगा शरण
कहीं चुल्लू में डूब मरें

धधक कर देशभक्ति की ज्वाल
उन्हें यदि भस्म बनाये तो।
यही है पुण्य, यही है धर्म
अगर ऐसा हो जाये तो।।

▼▼

प्रहरी मेरे देश के

जिनके किस्से दोहराते हैं
लोग देश-परदेश के
जिनके स्वागत में झुक जाते
गर्वीले फन शेष के

जिनके कारण नींद चैन की
सोता है सारा वतन
नवयुग के वे नये देवता
प्रहरी मेरे देश के।

जिनका गर्जन गूँज रहा घाटी-घाटी
जिनसे जीवित बलिदानों की परिपाटी
जिनका तन छू हवा सुगन्धित होती है
चरण छुए तो चन्दन हो जाये माटी

जिनके बल की शत्रु दुहाई देते हैं
ये चर्चे सर्वत्र सुनाई देते हैं
इनसे भिड़ने वालों की ये गत बनती
सपनों में भी साँप दिखाई देते हैं

इनके अभिनन्दन में उठते
हाथ सुरेश महेश के।
प्रहरी मेरे देश के।।

तोप सहेली और प्रेमिका संगीनें
गोले भाई और गोलियाँ ही बहनें
मौत खड़ी रहती सम्मुख ले वरमाला
ऐसे अद्भुत ठाठ-बाट के क्या कहने

कभी याद अम्मा की जब भी आई है
या राखी बिन सूनी दिखी कलाई है
चार तोतले बोल दूधिया सी हँसी
तैर हवा में आस-पास तक आई है

गोली दाग हवा में, उत्तर
देते हर सन्देश के।
प्रहरी मेरे देश के।।

हमें किसी से क्या खतरा इनके रहते
किसी धौंस से क्या डरना इनके रहते
मूर्ख पड़ौसी शस्त्र भीख में लें जितने
हमें किसी की क्या परवाह इनके रहते

हम न कभी डरने वाले हथियारों से
विश्वयुद्ध से या एटमी प्रचारों से
कभी-कभी थोड़ा-सा डर लगता केवल
घर में ही रहने वाले गद्दारों से

लेकिन इतने से न रुकेंगे
कदम नये उन्मेष के।
प्रहरी मेरे देश के।।

▼▼

पूजन करो जवान का

देशवासियो आओ रे
पूजा थाल उठाओ रे
चलो चलें पूजन करने को नवयुग के भगवान का।
सैनिक वीर जवान का।।

रौद्र रूप धर जो सीमा पर थामे खड़े मशीनगन
उठें बवंडर, बिजली कौंधे कभी न काँपें जो चरण
जिनके सीने अविजित दुर्गम फौलादी दीवार हैं
जिनकी साँस-साँस में गुँजित जननी के जयकार हैं

जिनकी अनगौनाई दुलहन दीप सँजोती याद के
जिनके नन्हें लाल अभी तक सपने देखें लाड़ के
जिनकी बहनें बाँध न पायीं अभी बाँह पर राखियाँ
देवर के मीठे वचनों को तरसें जिनकी भाभियाँ

मंगल दीप जलाओ रे
पथ-पथ फूल बिछाओ रे
चलो चलें दर्शन करने को पावन देव महान का।
सैनिक वीर जवान का।।

शोणित के झरनों में नहाकर जिनकी मनती होलियाँ
दीवाली के दिन भी झेलें जो दुश्मन की गोलियाँ

तोपों में भीषण गोले भर जो बैठे चट्टान से
सिर पर कफन बाँधकर बाजी खेल रहे जो प्राण से

खाई में ही बीत जाएँगी जिनकी पुण्य जवानियाँ
लोहू में तलवार भिगोकर लिखते अमर कहानियाँ
उनके चरणों की माटी को झुककर माथ लगाओ रे
मन्दिर, मठ औ' गुरुद्वारों में उनके गीत गुँजाओ रे

कुंकम तिलक लगाओ रे
उनकी जय-जय गाओ रे
जिनके स्वागत में झुक जाता मस्तक खुद भगवान का।
पूजन करो जवान का।।

जो टैंकों की राह रोकते बम छाती से बाँधकर
क्रूर मौत से टक्कर लेते वन-पर्वत तक लाँघ कर
रणचंडी की प्यास बुझाते जो दुश्मन के खून से
मातृभूमि का अर्चन करते अपने प्राण-प्रसून से

जिनके माथे कट जाते पर झुकना कभी न जानते
गोलों से छलनी तन हो पर रुकना कभी न जानते
साक्षी है इतिहास कि जिनके नित-नित अग्नि-प्रवेश का
उनके जीते जी न झुकेगा कभी तिरंगा देश का

ढोलक झाँझ बजाओ रे
पुण्य आरती गाओ रे
चलो चलें अभिनन्दन करने प्रलयों के अभियान का।
सैनिक वीर जवान का।।

जिनके दम पर झूम-झूम हम मना रहे बैसाखियाँ
जिनके दम पर इठलाती हैं काश्मीर की घाटियाँ
जिनके दम से माथा ऊँचा है अब तक कैलाश का
जिनके कारण फेरा लगता सदा यहाँ मधुमास का

जिनके दम पर खड़ा हिमालय बैरी को ललकारता
जिनके दम पर गंगा का जल बहता लहरें मारता
उनके चरणों पर नत होकर अपना तन-मन वार दो
ओ रे मोक्ष चाहने वालो! उन पर जीवन वार दो

पूरब-पश्चिम आओ रे
उत्तर-दक्षिण आओ रे
उन चरणों पर भेंट चढ़ा दो क्वाँरा सूर्य विहान का
पूजन करो जवान का।।

▼▼

एक इंच पीछे मत हटना
(कारगिल युद्ध के संदर्भ में)

अम्मा ने ख़त लिखा चाव से
पुत्र! न मेरा दूध लजाना।
एक इंच पीछे मत हटना
इंच-इंच चाहे कट जाना।।

घर परिवार कुशल है मुन्ने!
गाँव गली में मंगल है
द्रास, कारगिल की घटना से
कदम-कदम पर हलचल है

ज्वालामुखी दिलों में धधके
आँखों में अंगारे हैं
यहाँ अरथियों के पीछे भी
'जय भारत' के नारे हैं

यह केवल ख़त नहीं लाड़ले!
घर भर का संदेश समझ
इसके हर अक्षर के पीछे
तेरा पूरा देश समझ

धवल बर्फ की चादर पर तू
लोहू से जयहिन्द लिख आना।
एक इंच पीछे मत हटना
इंच-इंच चाहे कट जाना।।

छुटकी ने राखी रखदी है
इसमें बड़े गुरूर से
और बहू ने वन्देमातरम्
लिक्खा है सिन्दूर से

मेरे पोते ने चूमा है
इसको बड़े दुलार से
इसीलिए ख़त महक रहा है
कस्तूरी महकार से

मेरी बूढ़ी छाती में भी
दूध छलक आया बेटे!
और गोंद की जगह उसी से
इसको चिपकाया बेटे!

तेरे बापू लिखवाते हैं
गोली नहीं पीठ पर खाना।
एक इंच पीछे मत हटना
इंच-इंच चाहे कट जाना।।

और दुलारे! एक बात को
तू शायद सच ना माने
इतिहासों को स्तब्ध कर दिया
इस अनहोनी घटना ने

यहाँ शहीदों की विधवाएँ
धन्य कर रही धरती को
खुद कंधों पर ले जाती हैं
वे पतियों की अरथी को

और इधर संसार चकित है
लख उन वृद्ध पिताओं को
जो आग दागने से पहले
करते 'सेल्यूट' चिताओं को

मेरा भी माथा ऊँचा हो
ऐसा करतब करके आना।
एक इंच पीछे मत हटना
इंच-इंच चाहे कट जाना।।

▼▼

फिर से भारत के नाम करो

लो दुश्मन ने दस्तक दे दी है संसद पर बम गोलों से
फिर सूखी घास छेड़खानी कर गई धधकते शोलों से
लो बैरी देहरी लाँघ हमारी खुले आम ललकार गया
ज्यों गीदड़ एक गुफा में घुस सिंहों को चाँटे मार गया

इसलिए समर को कमर कसो, अन्तिम रण का एलान करो।
लाहौर, कराँची, पेशावर फिर से भारत के नाम करो।

पीढ़ियाँ सैकड़ों साल लड़ी तब हमने पाई आजादी
सिन्दूर पुँछे, गोदें उजड़ी तब हमने पाई आजादी
अनहोनी घटना हाय घटी जब हमने पाई आजादी
भारत की दोनों बाँह कटी जब हमने पाई आजादी

उस आजादी पर गड़ी हुई उनकी मक्कार निगाहें हैं
जिनको कल तक अपने मुँह के हमने ही कौर खिलाये हैं
गल्ती तो दिल्ली की ही थी जो साँप अधमरा छोड़ दिया
इसलिए आज फुंकार मार वह फिर से डसने दौड़ पड़ा

इस बार काट बोटी-बोटी पूरा उसको निष्प्राण करो।
लाहौर, कराँची, पेशावर फिर से भारत के नाम करो।।

शायद वह जल्दी भूल गया जो झेली मार कारगिल पर
उन घावों से है पीठ भरी जो मिले कभी इच्छोगिल पर

जो वर्ष हजारों लड़ने के सपने थे कभी सजा बैठे
भुट्टो दिल्ली तो ले न सके पर आधा देश गँवा बैठे

तब एक लाख कायर बकरे जकड़े हमने जंजीरों में
सिर आई मौत टाल दी थी स्याही की चन्द लकीरों ने
वह शिमला वाली भूल हमें अब तक भी शूल बनी खाती
वरना क्या जुर्रत पिण्डी की जो दिल्ली पर यों गुर्राती

जब तलक शत्रु का नाम शेष तब तलक न युद्ध विराम करो।
लाहौर, कराँची, पेशावर फिर से भारत के नाम करो।।

ये नये-नये आयुध हमने आखिर किसलिए बनाये हैं
काफिले करोड़ों वीरों के आखिर किसलिए सजाये हैं
एटम बम का निर्माण किया क्या घर में सिर्फ सजाने को
क्या लालकिले के भाषण हैं केवल ताली बजवाने को

पोटो की चिन्ता दूर धरो, वोटों की मत परवाह करो
किस्मत ने मौका बख्शा है बैरी पर चढ़ो, तबाह करो
आदेश देश की जनता का, सन्देश यही रणचंडी का
तीनों सेनाओं से बोलो पथ पकड़ें रावलपिण्डी का

जो कंठ देश की जय न कहें उनका भी काम तमाम करो।
लाहौर, कराँची, पेशावर फिर से भारत के नाम करो।।

▼▼

देश भक्तों की यात्रा कथा

हाथों में सूरज का दीया
बाँध प्रभंजन पाँवों में
काँधे पर आकाश उठाये
निकल पड़े हम राहों में।
भूडोलों दिग्दाहों में।।

घर के बाहर मिला समुन्दर
भूखे चीते सा निर्मम
शम्पाओं के नाग लोक थे
उसके आगे चार कदम

वाम दिशा में इल्ज़ामों के
ज्वालामुखी अशेष मिले
और दाहिने मारीचों के
मायानगर विशेष मिले

राजनीति की सुरसा बैठी
हिंसा लिए निगाहों में
निकल पड़े हम राहों में

मन तो था कि प्रभाती गायें
या कि मंगलाचरण करें

मातृभूमि के जयगानों से
सारा वातावरण भरें

लेकिन सरेआम मक्कारी
छलती थी भोलेपन को
लाल आँधियों का खतरा था
ऋषियों वाले उपवन को

हमने उठकर अँगड़ाई ली
हलचल हुई हवाओं में।
निकल पड़े हम राहों में।।

भू के कुटिल बवण्डर सुनलें
सागर के तूफान सुनें
राजनीति के मदिरालय के
सब कायर मेहमान सुनें

ये मतवाले दल न रुकेंगे
गाली, गोली, गोलों से
खूब निपटना जान गए हैं
हम सारे बड़बोलों से

रहे सहे अरमान मिटाले
दम हो जिसकी बाँहों में।
निकल पड़े हम राहों में।।

▼▼

अविराम चलना है

लिखावट में थकावट क्या
सृजन में शिथिलता कैसी
अभी तो लेखनी मेरी
तुझे अविराम चलना है।

दो टके भर मोल है, इन
राजमुकुटी खानदानों का
और क्या उल्लेख इनके
पारितोषिक या प्रणामों का

चार दिन के अतिथि भर हैं
ये सभी चौमासिये नाले
क्या कृपा, क्या क्रोध इनका
ग्रहण के ये चाँद हैं काले

आराधना करनी पड़े
तो सूर्य की करना शुभे!
जुगनुओं की आरती तो
आत्मवंचन और छलना है।
अभी तो लेखनी मेरी
तुझे अविराम चलना है।।

तू भले वनफूल हो, पर
खुशबुओं का एक सागर है
तू सुधा की एक गागर
सौ समुद्रों के बराबर है

जब तलक ये हाथ मेरे
अँगुलियाँ जब तक सलामत हैं
जब तलक मस्तिष्क जागृत
धड़कनों के क्रम सलामत हैं

याचना हित जो खुली हैं
उन अँजुरियों को हमें ही
मुट्ठियों की शक्ल देकर
शस्त्र में जाकर बदलना है।
अभी तो लेखनी मेरी
तुझे अविराम चलना है।।

ज्वार चिरजीवी नहीं हैं
वेग या ऊँचाइयाँ पाकर
शरण लेनी ही पड़ी है
जलधियों की गोद में जाकर

अवसरों के बुलबुलों की
आयु भी लम्बी नहीं होती
विषधरों से चन्दनों की
खुशबुएँ मन्दी नहीं होती

आकाश तो निस्सीम है
उससे बड़ा कोई नहीं
नापना विस्तार उसका
व्यर्थ उड़ना या उछलना है।
अभी तो लेखनी मेरी
तुझे अविराम चलना है।।

▼▼

नव वर्ष पर

सदी की कमीज़ का
एक और शो बटन
चुपके से टूट गया।
एक और साल आज
लो पीछे छूट गया।।

बदले से रंग-ढंग
लग रहे हवाओं के
नये-नये मेकअप हैं
आज सब दिशाओं के

विस्मित हैं, चिन्तित हम
देख नये चालढाल
ये कमाल के धमाल
पूछो मत हालचाल

बस्ती में दबे पाँव
घुस आया नया साल
कौन कहे सुधर गया
या करम फूट गया।
एक और साल आज
लो पीछे छूट गया।।

कनफोड़ा शोर लिये
पॉप सोंग आ गया
जान बचा लोक-गीत
वनों में चला गया

रेप सोंग दादी को
पौत्र ने सुना दिया
बर्गर औ' पिज्जा ला
बहू ने खिला दिया

डी.जे. ने मारपीट
भगा दिया ढोलक को
भोंपू तो वंशी की
अस्मत तक लूट गया।
एक और साल आज
लो पीछे छूट गया।।

रात जगी रात भर
धूम में, धड़ाकों में
लोक-लाज झुलस गई
भड़ाभड़ पटाखों में

गहरी खरोंचें हैं
चेहरे पर - सीने पर
दबे पाँव जा चढ़ी
बड़की लो ज़ीने पर

भैया की बाँहों में
अर्धनग्न भाभी है
लीर-लीर कैसे है
मझली का सूट नया।
एक और साल आज
लो पीछे छूट गया।।

कागज के फूलों पर
सेंट छिड़क आई है
गुड विश न्यू ईयर की
उषा आज लाई है

नींद नहीं टूटी है
अभी तक पुजारी की
भेंट आरती चढ़ी
रात की खुमारी की

नव सम्वत आयेगा
तब की तब सोचेंगे
उसको भी ला देंगे
सुन्दर ताबूत नया।
एक और साल आज
लो पीछे छूट गया।।

▼▼

खुद रह गये अगाये

अनगिन गीत जनम भर गाये
लेकिन खुद रह गये अगाये
सुनते रहे व्यथा औरों की
अपने दर्द कहाँ कह पाये

हमने पूरी उम्र खपा दी
जलकर पीर पराई में।
इसीलिए तो चर्चित हैं हम
अब भी लोक हँसाई में।।

हमसे मत पूछो दुनिया में
क्या-क्या बुरा-भला देखा है
न्याय देवता के हाथों में
हमनें खून लगा देखा है

चन्दा से उजले मुखड़ों पर
भी काले धब्बे देखे हैं
हमने देवों की चादर पर
भी पैबन्द लगे देखे हैं

जीभ काँपती है कहने में
फिर भी लो तुमको बतलायें
सरस्वती के छद्‌म वेश में
पुजती देखी हैं गणिकायें

इसीलिए तो आग रमाये
घूम रहे कविताई में।
हमने पूरी उम्र खपादी
जलकर पीर पराई में।।

लाभ-हानि का गणित फलाकर
जीना हमको रास न आया
ठकुर सुहाती बात बनाने
का हमको अभ्यास न आया

हर आँधी में अडिग रहे हम
देवदारु सम शीश उठाये
हर आफ त को ललकारा है
कल आती हो अब आ जाये

कड़वी से कड़वी सच्चाई
कहने में बदनाम रहे हैं
इसीलिए तो अति विशिष्ट दुख
मेरे घर मेहमान रहे हैं

हम साहित्यिक गीत लिख रहे
इस भीषण मँहगाई में।
इसीलिए तो चर्चित हैं हम
अब भी लोक हँसाई में।।

नदियाँ, पोखर, कूप, समन्दर
किसका क्या विश्वास करें हम
पनघट ने प्यास लौटाये
मरघट से क्या आस करें हम

गंगाजल हो या कि हलाहल
निस्पृह रह सब कुछ पीना है
शिव होना तो बड़ी बात है
अब तो शव होकर जीना है

सबके होकर भी न किसी के
हम वो बेघर बंजारे हैं
घातों-प्रतिघातों से जीते
हालातों से हम हारे हैं

काश कभी खुद की भी चिन्ता
कर लेते तरुणाई में।
तो इस क दर न चर्चित होते
अब भी लोक हँसाई में।।

▼▼

नई पीढ़ी के नाम

हम तो कई दिनों से बैठे
अपना सब सामान समेटे
दोष हमारा नहीं, दोस्त बस
तुम ही ज़रा देर से आये।

लो यह महफिल तुम्हें समर्पित
लो यह पावन मंच सम्हालो
लो थामो यह पुण्य पताका
जिससे हम जल्दी घर जायें।।

गुमनामी के तिमिर चीर हम
कीर्ति शिखर तक कैसे आये
फुर्सत हो तो जाते-जाते
थोड़ा अता-पता दे जायें?

इस पथ में अपने ही शव को
बार-बार ढोना पड़ता है
गंगाजल से नहीं, कलम को
शोणित से धोना पड़ता है

इस पथ का पाथेय रहा है
धैर्य-धर्म की कठिन परीक्षा
सतत साधना, दीर्ध तपस्या
करना बस निष्पलक प्रतीक्षा

इतना ही करलो तो काफी
और तुम्हें क्या-क्या समझायें।
लो थामो यह पुण्य पताका
जिससे हम जल्दी घर जायें।।

घर परिवार हमारे भी थे
लेकिन भटके ज्यों वनवासी
केवल एक लिफाफे ख़ातिर
घूमकर रहे होकर संन्यासी

इस यात्रा का फल इतना सा
सुनकर कौन जिसे हर्षाये
दिन तो रेल बसों ने छीने
रातें मंचों को दे आये

हम तो थकन मिटाने अपनी
अब सीधे घर को जायेंगे
कुछ दिन इस पीड़ा को झेलो
तब हम याद तुम्हें आयेंगे

ये बहकी-बहकी सी बातें
शायद काम कभी आ जायें।
लो थामो यह पुण्य पताका
जिससे हम जल्दी घर जायें।।

लो अब तुम्हें सौंपते हैं हम
चादर धवल कबीरा वाली
लो तुलसी का तेज, सम्हालो
पावन कलम निराला वाली

यह पुश्तैनी चादर, इस पर
दाग कभी लगने ना पाये

शीश भले ही कटे, किन्तु यह
कलम कभी बिकने ना पाये

अन्यायों की देहरी पर यदि
शीश तुम्हारे झुक जायेंगे
तो निश्चित है प्यारे बच्चो!
हम जीते जी मर जायेंगे

माँ वागीशा तुम्हें प्यार दें
हर आफ त से राम बचायें।
लो थामो यह पुण्य पताका
जिससे हम जल्दी घर जायें।।

▼▼

नये सफर पर जायेंगे

थोड़ी सी गीतों की पूँजी
कुछ फुटकर संस्मरण हमारे
अल्प अवधि की बचत सरीखे
कुछ मुद्रित संकलन हमारे

आनेवाली पीढ़ी को हम
यही सौंपकर जायेंगे।
चार दिनों की और बात है
नये सफ र पर जायेंगे।।

सरस्वती माँ के मन्दिर में
पूजा-अर्चन, दीया-बाती।
जैसा जो भी बना निभाया
कसर न कोई छोड़ी बाकी।।

जितनी दौलत दी दाता ने
सही खर्च की पाई-पाई।
आगे उस मौला की मर्ज़ी
हमने कर दी फर्ज़ अदाई।।

जैसी चादर मिली राम से
ज्यों की त्यों धर जायेंगे।
चार दिनों की और बात है
नये सफ र पर जायेंगे।।

पूरी उमर कंठ-वीणा पर
भारत माँ के राग बजाये।
देशद्रोह की छाती पर चढ़
राष्ट्रभक्ति के शंख गुँजाये।।

ना तो किया कलम का सौदा
और न तम को शीश झुकाया।
ऐसा मिला हौसला रब से
तूफ ानों में दिया जलाया।।

हम पर गर्व पीढ़ियों को हो
कुछ ऐसा कर जायेंगे।
चार दिनों की और बात है
नये सफ र पर जायेंगे।।

छोटी सी काया की कलसी
भीतर-बाहर माँजी-धोई।
हर पल रहे हिफ ाजत करते
इस पर लगे न कालिख कोई।।

प्रभु से रही प्रार्थना इतनी
मन में रहे फेरते माला!
हमसे कभी न शर्मिन्दा हों
तुलसी, सूर, कबीर, निराला।।

जब भी हुकुम मिला मालिक का
घर खाली कर जायेंगे।
चार दिनों की और बात है
नये सफ र पर जायेंगे।।

पनघट से

अपना भाग्य सराहो पनघट!
हम पानी लेने आये हैं।
एक नया वरदान तुम्हें हम
घर बैठे देने आये हैं।।

लाखों गागर भरी आज तक
अगिन कंठ की प्यास बुझाई
जितना नीर किसी ने माँगा
उतना दिया, न की कोताही

इसीलिए हम एक अर्थ में
अवढर दानी भी कहदें तो
ग़लत न होगा अगर तुम्हें हम
शिव का सानी भी कहदें तो

भावुकता के चरम क्षणों में
कभी कभार किसी को देते
वह दुर्लभ सम्मान तुम्हें हम
घर बैठे देने आये हैं।

अपना भाग्य सराहो पनघट!
हम पानी लेने आये हैं।

जो भी आया द्वार तुम्हारे
याचक बनकर ही आया है
इसीलिए कुछ अहंकार का
कल्मष भी मन पर छाया है

राम गये थे शबरी के घर
ज्यों जग के स्वामी होकर भी
हम भी द्वार तुम्हारे आये
यश के सहगामी होकर भी

काया कल्प तुम्हारा करने
शील-कील से कीलित करके
एक नया उपनाम तुम्हें हम
घर बैठे देने आये हैं।

अपना भाग्य सराहो पनघट!
हम पानी लेने आये हैं।

हम वो, जिनको नई बहारें
पहला वन्दन अर्पित करतीं
हम वो, जिनको स्वर-गंगाएँ
पावन देह समर्पित करतीं

जादू भरी कलम रखते हैं
अचरज भरी हमारी वाणी
एक साथ जिनमें बसते हैं
आग, बवण्डर, बिजली, पानी

ये तो मौज़ फ कीराना थी
जो हम चले यहाँ तक आये
वरना स्वर्ग प्रणाम हमें तो
घर बैठे देते आये हैं।

अपना भाग्य सराहो पनघट!
हम पानी लेने आये हैं।

▼▼

अँजुरी भर सपन अगर

साहस कर अँजुरी भर सपन अगर बोएँ
(तो) मरघट में जाग उठें खुशियों के बाग।
सूरज का वंशज वह एक दीप नन्हा-सा
तिमिरों के आँगन में अचल रहा जाग।।

रोने से जीवन के काम नहीं चलते।
आँसू को मोती कह हम खुद को छलते।।
सोनजुही काट अगर नागफन उगाएँ।
प्रगतिशील तभी कहीं जगत में कहाएँ।।
ऐसे मानदंडों में आग लगे, आग।

पतझर को रौंद रहे मौजों के मेले।
निर्भागे मीत, तुम्हीं भीड़ में अकेले।।
भीड़ तुम्हें लगता है राष्ट्र भरापूरा।
उधार लिए फिरते हो दर्शन अधूरा।।
मृत्युगीत लगते हैं तुम्हें दीप राग।

चन्दन वन लगते हैं जिनको निर्गन्ध।
लगते हैं उनके तो नासा स्वर बन्द।।
जेठ की दुपहरी में खोजें अँधियार।
तिमिर बीज बोते हैं सूरज के द्वार।।
मातमी मसीहा हैं ऐसे निर्भाग।

▼▼

आओ दिन शुरू करें

आओ दिन शुरू करें।
घुन लगे किवाड़ों पर
दस्तक लो सुनो उधर
दे रही है धूप
अनबुलाई।
आँगन के आले में
मधुर-मधुर खुसुर-फुसर
करती नव प्रेमी से
एक कपोती अनब्याही।
छोड़कर रज़ाई हम
ले-ले जमुहाई हम
बिना दूध वाली
काली कम चीनी की
चाय को सुड़कने का
नाटक फिर शुरू करें।
अधभूखी सोई जो
सपनों में खोई जो
अपनी अभागिन
जवान इस बिटिया को
अभी मत जगाना तुम।
पीले हों इसके कर
गिरवी रक्खा है कल

अपना यह टूटा घर
कसम तुम्हें हैं इसके ही वर की
इसे मत बताना तुम।

अखबारी खबरों में
सरकारी आश्वासन
पढ़-पढ़ कंगाली से
अपना रण शुरू करें।

मैं कहूँ रानी तो
तुम मुझे राजा का
बार-बार प्यारा सम्बोधन दो।

अर्थ भले रूठा हो
शब्द तो हमारे हैं
इन्हीं के सहारे हम
बहलायें घायल टूटे मन को।

तीनों पन काटे हैं
खुद को ही छल-छलकर
आओ फिर एक सफ र
चौथापन शुरू करें।

▼▼

दिनचर्या का एक पृष्ठ

बहस सारहीन
व्यस्त बिना काम।
एक दिन अमोल
यूँ गया तमाम।।

गिने बार-बार
सड़क के घुमाव
व्यर्थ ही सहे
दर्द के दबाव

बाँटते फिरे
मुफ्त तर्कजाल
जेब में भरे
नपुंसक मलाल

गालियाँ बकीं
बिना लिये नाम
एक दिन अमोल
यूँ गया तमाम।

भागते रहे
मकान से मकान
टाँकते रहे
चाह पर थकान

उदासियों के रंग
व्यर्थ पोतते
हाँपते रहे
भाग्य कोसते

झूमने के पोज
किन्तु रिक्त जाम।
एक दिन अमोल
यूँ गया तमाम।।

शिकायतों के बैज
कालरों पे टाँग
यहाँ-वहाँ लिखी
कोयले से माँग

उछालते यथार्थ
दूख चली बाँह
सूख गया कंठ
अगिन भरी आह

जीभ को दिया
तनिक कब विराम।
एक दिन अमोल
यूँ गया तमाम।।

राशनों की भीड़
तेल का अभाव
रूसियों की नीति
पाक से तनाव

विश्व की सभी
हलचलों के दौर
बखान कर किया
दोस्तों को बोर

माया भी गई
मिले नहीं राम
एक दिन अमोल
यूँ गया तमाम।।

▼▼

विरोधाभास

तुम भी इसी गाँव के वासी
हम भी कोई नहीं प्रवासी
लेकिन अजब बात है कैसी
हममें कुछ सम्बन्ध नहीं है।

तुम भी रहे पन्थ पर चलते
हमनें भी नापी पगडंडी
तुम हो हाट बजारों भटके
हमने भी छानी हर मण्डी

तुम भी इसी चमन में जन्मे
हमनें आँख इसी में खोली
तुम भी झूठ नहीं कहते हो
हम भी करते नहीं ठिठोली

खुले किवाड़ सदा तुम रखते
द्वार हमारा बन्द नहीं है।
फिर भी कुछ सम्बन्ध नहीं है।।

तुम भी हज़म कर गये विष को
उमर हमारी भी लम्बी है
खुशी तुम्हारी कैद पड़ी है
हँसी हमारी भी बन्दी है

तुम सूरज को खोज रहे हो
हमें सवेरों की तलाश है
सूना पड़ा मोहल्ला मेरा
गली तुम्हारी भी उदास है

लेकिन क्या आश्चर्य, परस्पर
कुछ भी क्यों अनुबन्ध नहीं है।
कुछ भी तो सम्बन्ध नहीं है।।

तुम दर्दों के मेज़बान हो
भूख इधर मेहमान हमारी
हम पर कृपा अभावों की है
पीड़ा से पहचान तुम्हारी

मंजिल ठीक एक दोनों की
कितनी भिन्न मगर हैं राहें
मज़बूरी अपनी-अपनी है
कितनी एक मगर इच्छाएँ

हमने कसम नहीं खाई है
तुमको भी सौगन्ध नहीं है।
फिर भी कुछ सम्बन्ध नहीं है।।

हमनें सपन कर्ज़ में बेचे
गिरवी है मुस्कान तुम्हारी
तुम्हें घुटन का ही सम्बल है
साथिन सिर्फ थकान हमारी

परिचय नहीं किरण से अपना
भोर कभी देखी ना जानी
और झाँकने की खिड़की से
कभी नहीं करते नादानी

दोनों के ही गलियारों से
गुज़री कभी सुगन्ध नहीं है।
फिर भी कुछ सम्बन्ध नहीं है।।

▼▼

दर्द नहीं घटने का

रह-रह पछताने से
आँसू छलकाने से
दर्द नहीं घटने का।
शाप नहीं कटने का।।

यह धारा काटेगी अन्तर के कूल।
होंगे ही आशा के बिरवे निर्मूल।।
नयनों के दीपों का बीतेगा नेह।
धीरज के पंछी का उजड़ेगा गेह।।

चुप-चुप जल जाने से
छुप-छुप मुरझाने से
दम्भ नहीं घटने का।
रूप नहीं डटने का।।

थककर क्यों बैठ गये छोड़ हाथ पाँव।
खड़ी-खड़ी काँप रही लहरों पे नाव।।
लहरों का आमन्त्रण कर लो स्वीकार।
तट पर मत बैठो यूँ, चलो बीच धार।।

जियरा घबराने से
बैठे बतियाने से
पंथ नहीं कटने का।
तिमिर नहीं छँटने का।।

▼▼

गीत कपोत पूछते हैं

मन में मृग-मरीचिकाएँ हैं
भावोदधि में हैं उद्वेलन
व्यतिक्रम हैं चिन्तन के पथ में
दिग्भ्रम से नयनों में गोपन

लेखनी पूछती है मुझसे
कितना क्या और लिखाओगे।
ये गीत-कपोत पूछते हैं
किस दिशि में हमें उड़ाओगे।।

पुरखों ने जो भी लिखा, कहा
सब कालजयी होकर निकला
मन्त्रों जैसे बन गये वाक्य
हर शब्द रहा बीजाक्षर सा

हम आज लिख रहे हैं जो भी
क्षणजीवी लगभग सारा है
या तो है कोरा विज्ञापन
या फिर उत्तेजक नारा है

वे अग्रज लिखते थे केवल
वागीशा के आदेशों पर

हम हतभागे लिख रहे आज
लक्ष्मी जी के निर्देशों पर

इसलिए समय कहता हमसे
मुझको तुम क्या गा पाओगे।
ये गीत-कपोत पूछते हैं
किस दिशि में हमें उड़ाओगे।।

रचना के अवतरणों के क्षण
ज्यों भावातीत ध्यान के हैं
कविता सायास नहीं होती
ऐसा आचार्य मानते हैं

कंकड़ या कौड़ी नहीं शब्द
जो इनसे हर कोई खेले
कविता बाजारू वस्तु नहीं
चाहे जो पैसे दे ले ले

यह वह दुर्लभ वरदान, जिसे
प्रभु किसी-किसी को देते हैं
यों तुकबन्दी या जोड़-तोड़
तो बहुत लोग कर लेते हैं

इस पागलपन में रम देखो
पागल ही रहना चाहोगे।
ये गीत-गपोत पूछते हैं
किस दिशि में हमें उड़ाओगे।।

कविता वह दिव्य साधना है
मानव को देव बनाती है
जो चौथेपन में 'दिनकर' से
'उर्वशी' लिखा ले जाती है

इसमें रम गये निराला तो
जग-जीवन से निर्लिप्त दिखे
कुछ को मोहक हिमवान लगे
तो कुछ को वे विक्षिप्त दिखे

इसलिए कलम आशंकित है
भयभीत कल्पना-खगी खड़ी
जितना जो अब तक लिखा-कहा
उस पर जब सहसा दृष्टि पड़ी

तो लज्जित सा हूँ देव! इसे
क्या कविता भी कह पाओगे।
ये गीत-कपोत पूछते हैं
किस दिशि में हमें उड़ाओगे।।

▼▼

उद्बोधन गीत

अँधियारों के विस्तारों को
देख डर रहे हो
क्या सूरज की क्षमता पर
तुमको विश्वास नहीं?

पतझारों की क्षणिक विजय
देखी तो काँप गये
क्या बसन्त की ताकत का
तुमको आभास नहीं?

जिस दिन जन्म हुआ जीवन का
मृत्यु साथ जन्मी
जिस पल साँझ रची ब्रह्मा ने
उषा तभी रच दी

महाकाल ने विध्वंसों के
साथ सृजन सिरजे
सुधा गरल सागर-मन्थन से
साथ-साथ उपजे

देह जलाती दोपहरी को
देख डर रहे हो

क्या बादल की क्षमता पर
तुमको विश्वास नहीं?

यों तो महाप्रलय के हाथों
सृष्टि विलीन हुई
लेकिन मनु द्वारा रचना भी
पुनः नवीन हुई

सूरज नहीं मरा है अब तक
खग्रासों द्वारा
लाखों लड़ी अमावस लेकिन
चाँद नहीं हारा

मंचों की दुर्दशा देखकर
आह भर रहे हो
क्या गीतों की क्षमता पर
तुमको विश्वास नहीं?

दावानल ने महावनों को
धू-धू जला दिया
लेकिन मधुमासों ने आकर
फिर से जिला दिया

लाखों जतन किये तट ने पर
लहरें नहीं मरी
तम के धमकाने से रवि की
किरणें नहीं डरी

आर्त्तनाद उल्लू का सुनकर
धैर्य छोड़ बैठे
क्या कोयल के गीतों पर
तुमको विश्वास नहीं?

मस्तक ऊँचे करो, स्वरों में
विजय-निनाद भरो
तम की छाती चीर उभरते
रवि पर दृष्टि धरो

पकड़ अयाल अन्धड़ों के, नभ
में निर्भय विचरों
महानाश के आँगन में भी
सर्जन-दीप धरो

फेन उगलते ज्वारों से
भयभीत दिख रहे हो
क्या अपने भुजदंडों के
बल पर विश्वास नहीं?

▼▼

हम मंचों से दूर हो गये

हम मंचों से दूर हो गये
क्या सचमुच मजबूर हो गये?
फुरसत में सोचा तो पाया
कंकड़ से कोहनूर हो गये।।

वे भी दिन थे, इन मंचों पर
बैठे दिनकर और निराला
घंटों श्यामनारायण गरजे
प्रहरों सुनी गई मधुशाला

वे अलबेले गीत रंग के
नीरज के वे बोल सुरीले
शिवमंगल के तीखे तेवर
निर्धन जी के स्वर दर्दीले

कोयल छोड़ गई उपवन को
मालिक अब लंगूर हो गये।
बलिहारी ओ समय तुम्हारी
सड़े चने अंगूर हो गये।।

अब तो ये आलम है भाई
जहाँ भैंस, बकरे बिकते हैं

उन मेलों में रात-रात भर
कवि सम्मेलन भी चलते हैं

सोम और बेचैन कुँवर तक
डरे-डरे कविता पढ़ते हैं
हद है, फूहड़ चार चुटकले
गीतों पर भारी पड़ते हैं

शीश झुका बैठे बैरागी
होश उड़े काफ ूर हो गये।
महफि ल लूट रही गणिकाएँ
ये कैसे दस्तूर हो गये।।

कैसी फिरी राम की माया
जोकर तक अहमन्य हो गये
नौटंकी करने वाले भी
कवि कहलाकर धन्य हो गये

जूते फटे, प्रेस बिन कपड़े
अधभूखे जो हमने देखे
सबसे महँगे और महाकवि
ऐसे हुए भाग्य के लेखे

मूर्ख मसखरे आयोजक की
नज़रों में मशहूर हो गये।
क्या होगा भवितव्य न जाने
घाव सड़े नासूर हो गये।।

▼▼

हम शहर को दौड़ आये

इन्द्रधनुषी पनघटों पर
ग्राम सरिता के तटों पर
कुछ कथाएँ छोड़ आये
हम शहर को दौड़ आये।।

वे सीख देती दादियाँ
आशीष देती चाचियाँ
डाटें पिलाती ताइयाँ
वे खिलखिलाती भाभियाँ

पगडंडियाँ धूलों भरी
वे क्यारियाँ फूलों भरी
कट्टो गिलहरी चुलबुली
वे जामुनें रस से भरी

पेट की खातिर सभी से
खास रिश्ते तोड़ आये।
हम शहर को दौड़ आये
गाँव अपना छोड़ आये।।

वे पिता-से आम, पीपल
माँ सरीखी छाँव शीतल

घंटियाँ वे टुनटुनाती
गाय आँगन में रँभाती

उछलते बछड़े, बछेरे
पंछियों के वे बसेरे
युवतियों की टोलियाँ वे
शहद भीगी बोलियाँ वे

उन सभी से बिन बताये
हाँ, हमीं मुँह मोड़ आये।
हम शहर को दौड़ आये
गाँव अपना छोड़ आये।।

ज्वार, मक्का, धान वाले
खेत धन की खान वाले
ग्राम बस्ती के रुखाले
भोमिया, सैयद, शिवाले

मौलवी के टोटके वे
जोगियों के फूँक-झाड़े
महारनी बेहद सुरीली
उच्च स्वर में वे पहाड़े

पाठशाला में गुरुजी
को पढ़ाते छोड़ आये।
हम शहर को दौड़ आये
गाँव अपना छोड़ आये।।

बस लिखे थे चार आखर
एक दिल ने दूसरे पर
स्वप्न-सा टूटा अचानक
काल ने पोंछी इबारत

अन्त ही अथ बन गया था
अश्रु से रण ठन गया था
आज भी वह चल रहा है
ज्यों तुषानल जल रहा है

उस कहानी का कथानक
हम अधूरा छोड़ आये।
हम शहर को दौड़ आये
गाँव अपना छोड़ आये।।

यहाँ ऊपर से सुखी हैं
मगर भीतर से दुखी हैं
हर कहीं पर बेरुखी है
ज़िन्दगानी बेतुकी है

पर्स तो मोटे मिले हैं
दिल मगर छोटे मिले हैं
रास्ते सोते नहीं हैं
घर यहाँ होते नहीं हैं

नित्य दफ्तर से यहाँ सब
कुछ व्यथाएँ ओढ़ आये।
हम शहर को दौड़ आये
गाँव अपना छोड़ आये।।

▼▼

भूल चूक में नहीं

भूल चूक में नहीं, होश में यह अपराध किया हमने।
अन्धकार को अन्धकार ही बारम्बार कहा हमने।।

हम उनमें से नहीं, काग को राजहंस बतलाये जो
गर्दभ-स्वर को मालकौंस या कहकर ध्रुपद सराहें जो
सरकंडों को चन्दन का शुभ नाम नहीं दे सकते हम
चाटुकारिता का भौंडा, इल्ज़ाम नहीं ले सकते हम

हवा बहे अनुकूल या कि प्रतिकूल, हमें क्या लेना है
पथ में पैने शूल या कि मृदु फूल, हमें क्या लेना है
परिमल स्वागत करे कि धूल-दुकूल, हमें क्या लेना है
क दम हमारे चलने में मशगूल, हमें क्या लेना है

सोच समझकर ख़तरों वाला रस्ता स्वयं चुना हमने।
अन्धकार को अन्धकार ही बारम्बार कहा हमने।।

सिफ ॅ खुरदरे शब्द नहीं हम, और न अर्थ नुकीले हैं
एक बार में प्राण सुखादें, हम वे शर ज़हरीले हैं
एक हाथ में आग, दूसरे में रखते क्यों पानी हैं
हम हैं उलट बाँसियों जैसे, अथ-इति हीन कहानी हैं

हमको कुछ भी पता नहीं है, पूछो उस निर्माता से
हम माडर्न आर्ट से क्यों हैं, पूछो भाग्य-विधाता से
पल में आग बबूला क्यों हैं, पल में मधुर बताशा क्यों
अभी-अभी थे व्यास पीठ पर, पल में हुए तमाशा क्यों

दुराचरण पर सूरज तक को भी ललकार दिया हमने।
अन्धकार को अन्धकार ही बारम्बार कहा हमने।।

शुभ्र किरण के चीर हरण पर कैसे हम निःशब्द रहें
गीतों के कंठों पर छुरियाँ देखें फिर भी कुछ न कहें?
लहरों के आँचल दाग़िल कर, सागर साफ मुकर जाये
मधुऋतुओं का शील रौंदकर, पतझर पावन कहलाये

इतने पर भी अन्धे, गूँगे बन जाना ग़द्दारी है
ताल ठोककर भिड़ जाना ही ऐसे में ख़ुद्दारी है
या तो विषधर से लहरायें, केहरी सी हुंकार भरें
या फिर जीभ काटलें अपनी और कलम को तोड़ धरें

अनल-पंथ पर चलना ही, फिर-फिर स्वीकार किया हमने।
अन्धकार को अन्धकार ही, बारम्बार कहा हमने।।

हमें कबीरा सिखा गये हैं, इन घर फूँक तमाशों को
और निराला बता गये हैं, ज़िन्दा करना लाशों को
राजमुकुट को लतियाने की, राह दिखाई कुम्भन ने
जल में ज्वाला धधकाने की रीति सिखाई भूषण ने

इसीलिए तो दरबारों के बनते हम नव रतन नहीं
कल मरते हों आज मरें हम मिलें शवों को कफ न नहीं
आने वाली नयी पीढ़ियाँ, मिट जायें पर झुकें नहीं
हम सौंपेंगे ऐसी राहें, चरण न उनके रुकें कहीं

अपना वर्तमान उनके, भावी पर वार दिया हमने।
अन्धकार को अन्धकार ही, बारम्बार कहा हमने।।

12 जनवरी 2007

▼▼

दिनकर जी के प्रति

है चर्म चक्षुओं से ओझल
कवि-कुल का दिनकर दीप्तिमान
फिर भी आलोकित हैं प्रतिपल
उन किरणों से भू-आसमान

आर्यों की संस्कृति का सात्विक
वपुयान रहा जो स्वाभिमान
जो 'राम' नाम का दृढ़ 'धारी'
नर 'सिंह' काव्य का कीर्तिमान

जिसकी अंगुलियों की छुअनें
कलमों को खड्ग बनाती थी
जिसकी ओजस्वी स्वर-लहरी
वंशी को शंख बनाती थी

है कौन काल या महाकाल
जो उसे पाश में सके फाँस
है कौन महाभय भू-नभ में
जो उसे दे सके रंच त्रास

माँ सरस्वती की वीणा की
झंकृतियों में, स्वर-तानों में

सारे ओजस्वी कवियों की
हुंकृतियों में, जय-गानों में

हर महफि ल में, सब मंचों पर
वह ही तो गाया करता है
तोपों के भीतर से भविष्य
वह ही बुलवाया करता है

वह अग्नि-मन्त्र का उद्गाता
वह शौर्य-यज्ञ का आयोजक
भूडोल, बवण्डर का सृष्टा
वह ललकारों का संयोजक

राष्ट्रीय ऊर्जा का वाहक
वह अनलमुखी फिरता-चलता
वह मेरे युग का नव वामन
कुत्साओं की छाती दलता

इस पल भी यहीं कहीं होगा
वह अनुपम साधक काव्यकार
उसकी कृतियों को सौ प्रणाम
उसकी स्मृतियों को नमस्कार

8 सितम्बर 2007

▼▼

कैसे तालमेल बैठाएँ

तन की अपनी सीमाएँ हैं
मन की हैं अपनी इच्छाएँ।
ढलती उमर, पिघलता यौवन
कैसे तालमेल बैठाएँ।।

पर्वत के शिखरों से चलकर
नदी तलहटी तक जब आई
या तो सूख गई समतल में
या सागर की गोद समाई

चाहे जितना भी सिर पटके
चाहे जितना भी ललचाये
कोई नहीं उपाय उसे जो
वापिस शिखरों तक पहुँचाये

इसी तर्ज़ पर ढले उमरिया
इसी ढंग पर गले जवानी
कैसे शुभारम्भ पर लौटे
उपसंहारों खड़ी कहानी

अच्छा है सूखे पत्तों से
संग हवा के उड़ते जायें।

ढलती उमर, पिघलता यौवन
कैसे तालमेल बैठाएँ।।

कितने रूप ज़िन्दगी धारे
कितने नाटक, सत्य कथाएँ
आगे जाकर अन्ध गुफा में
जाने सभी कहाँ खो जाएँ

क्षितिजों से ले नभ गंगा तक
नील गगन के झिलमिल तारे
सौ-सौ बार बुलावे भेजें
गुपचुप-गुपचुप करें इशारे

लहूलुहान पिपासाओं ने
मानी लेकिन हार नहीं है
पिंजरा तो उड़ने को आतुर
पर पंछी तैयार नहीं है

हम ऐसे ठाँवों से गुज़रे
सपने तक सपने हो जाएँ।
ढलती उमर, पिघलता यौवन
कैसे तालमेल बैठाएँ।।

हम बसन्त के पटाक्षेप हैं
पतझर के ठूँठों के साये
जैसे बाँह झटक संध्या की
सूरज सागर में खो जाये

सम्मुख फिरें उछालें लेती
उच्छृंखल कामना हिरनियाँ
उत्तेजक आमन्त्रण देती
वे सम्मोहक सौदामिनियाँ

हम ऐसे हतभागे तट हैं
लाखों लहरें कंठ लगायें
लेकिन पल भर शीतलता दे
सारी लौट जलधि में जायें

हम तो बाँह कटे नाहर हैं
कैसे आखेटक पर जाएँ।
ढलती उमर, पिघलता यौवन
कैसे तालमेल बैठाएँ।।

22 अक्टूबर 2007

▼▼

शाम हमको याद आई

लो दिशाओं के मुखों पर
पड़ गई हैं झाँइयाँ सी
और लम्बी हो चली हैं
वे सभी परछाइयाँ भी

हँस रही थी जो अभी तक
दीप की लौ थरथराई।
लो पचासों बरस पहली
शाम हमको याद आई।।

शाम जो कुछ टोटके से
देहरी पर कर गई थी
स्वप्न-शिशु को गुदगुदाकर
पुलकनों से भर गई थी

नवल गंधों के अजाने
चतुष्पथ पर छोड़ आई
और सुध लेने हमारी
फिर नहीं इस ओर आई

जिस कथा को छोड़ आये
विसुध सी हम उस किनारे
पाँच दशकों बाद सहसा
तैर कर इस पार आई।
शाम हमको याद आई।।

यत्न करलें हम हज़ारों
लाख हम करलें दिखावे
स्वयं को जितना छलें हम
और मन को दें भुलावे

किन्तु रह-रह उभर आती
बहुत सी चोटें पुरानी
आज की सी बात लगती
सौ बरस पहली कहानी

घेर लेते हैं पुरातन
सपन तन-मन को हमारे
तब अमावस भी लगे है
शरद की मनहर जुन्हाई।
शाम हमको याद आई।।

है हकीक त रोज़ पल-छिन
जर्जरित होता हुआ तन
पर इसे स्वीकार करता
ही नहीं है बावरा मन

मैं कहीं से ढूँढ़कर दूँ
मीत वे इसको पुराने
याद भी होंगे उन्हें कम
और वे दिन, कौन जाने

झेलता हूँ यह असंगति
वृद्ध तन औ' युवा मन की
इधर सागर का अतल है
उधर पर्वत की चढ़ाई।
शाम हमको याद आई।।

13 नवम्बर 2007

▼▼

अस्तित्व बोध

अस्तित्वों के शीश महल में
निज के सौ-सौ रूप।
देख-देख हैरान रहे हम
ज्यों लहरों पर धूप।।

किस दर्पण से पूछें अपनी
सही-सही पहचान
सबके सब कर रहे गुज़ारा
बेच-बेच ईमान

परिभाषाएँ उतर गई हैं
अनुमानों के कूप।

आपाधापी के कोहरे में
दबी पड़ी है भोर
सूरज की भस्मी की परतें
झीलों पर हर ओर

बूढ़ा चाँद गवाही देता
तिमिरों के अनुरूप।

शब्दों पर कुंठा का पहरा
बिठा गया संत्रास

बदचलनी ईमान ओढ़कर
रचा रही है रास

दर्दों की तक दीर बाँचते
जुल्मों के अवधूत।

हमको शायद वहम हो गया
निज का यह अहसास
हम परिचय के लिए उठाये
फिरते अपनी लाश

द्वार-द्वार भरमाता हमको
अरे हमारा भूत।

▼▼

ऋतु-गीत

धीरे-धीरे फ र्क मिट रहे
पतझर औ' मधुमास के।
महके कम, दहके ज़्यादा हैं
टेसू सुर्ख़ पलाश के।।

केवल यादें शेष रही हैं
अब शाद्वल मखमली कहाँ
चीनांशुक के चीवर धारे
गई सुवर्णा गली कहाँ

निर्वसना हर ओर घाटियाँ
नंगे पर्वत लाज मरें
क्षत-विक्षत हैं तन झीलों के
लू लहरों के प्राण हरें

बीज विकासों के बोये थे
अंकुर उगे विनाश के।
महके कम, दहके ज्यादा हैं
टेसू सुर्ख पलाश के।।

कौन चुराता रोज़ शाल वन
आम, चिनारों, चीड़ों को

देवदारु के वंश मिटाता
हर मेघों के नीड़ों को

कौन समीरों के क्रीड़ास्थल
एक-एक कर रहा मिटा,
कंकरीट की पौध, चिमनियाँ
कौन उगाता रोज़ धुँआ

शायद नई सभ्यता ने ही
पर काटे उल्लास के।
महके कम, दहके ज्यादा हैं
टेसू सुर्ख पलाश के।।

विध्वंसों के पंख लगाये
हम जाने किस ओर चले
नवोन्मेष की लिप्साओं में
सुख का कंठ मरोर चले

विमुख सुधा सागर से होकर
अग्नि वनों की राह गही
त्याग सुशीला संस्कृतियों को
विकृतियों की बाँह गही

शायद महानाश पनपेंगे
आँगन में आकाश के।
महके कम, दहके ज्यादा हैं
टेसू सुर्ख़ पलाश के।।

हम बाहर से हरे-भरे हैं
पर भीतर मरुथल-मरुथल
कहाँ-कहाँ दौड़ायेंगे ये
मृग-तृष्णाओं वाले जल

नई प्रगति की परिभाषाएँ
कितने भाष्य करायेंगी
मानव को अतृप्त चाह ये
कितने नाच नचायेंगी

कब टूटेंगे, कहाँ सिलसिले
नीरस वाग्विलास के।
महके कम, दहके ज्यादा हैं
टेसू सुर्ख़ पलाश के।।

15 मई 2008

▼▼

ज़रा बचकर रहो

जो विष घुले वरदान देते हैं
जो छल भरे सम्मान देते हैं
अभिशाप की प्रस्तावना जैसे
जो दर्पमय अहसान देते हैं

मशविरा मेरा तुम्हें है युवा दोस्तो!
कलियुगी उन देवताओं से ज़रा बचकर रहो।

अब तो करो विश्वास, मिथकों को तजो
हिरण सोने के कहीं होते नहीं।
कमल कीचड़ में खिला करते भले
किन्तु उससे मुँह कभी धोते नहीं।।

रंग से कब फूल की महिमा बढ़ी
गंध से ही मान है, पहचान है।
कहावत को अमरवाणी समझकर
जो चला, माना गया नादान है।।

जो कभी मानी गई मलयज यहाँ
देश जिनके परस से पागल रहा।
भूल में, भ्रम में भले जैसे कहो
चमन में रुतबा कभी कायम रहा।।

महज़ चेतावा तुम्हें है युवा दोस्तो।
वामपन्थी उन हवाओं से ज़रा बचकर रहो।।

खून से लथपथ हथेली, अँगुलियाँ
जड़ रही चाँटे सदी के गाल पर।
और घातक बाण मारे काल ने
फिर हमारी सभ्यता के भाल पर।।

लक्ष्मणों औ' अर्जुनों के वंश तो
जा छुपे किन कन्दराओं में कहाँ।
और द्रोणाचार्य मेरे समय के
रम रहे हैं अप्सराओं में यहाँ।।

पार्वतियों को नमन है सर्वदा
और दमयन्ती नमस्या हैं सदा।
राम ही रूठे वतन से आज तो
इस धरा पर पाँव दें क्यों जनकजा।।

अतः सिखलावा तुम्हें है युवा दोस्तो!
आज की इन मेनकाओं से ज़रा बचकर रहो।

ध्वंस के इस अश्वमेधी वाजि की
कौन पकड़ेगा कहो वल्गा यहाँ।
हम बुज़ुर्गों ने अहं त्यागे न तो
कौन देगा मंज़िलों का फिर पता।।

दोष मत देना नई इस पौध को
अंजुरी खोले खड़ी जो सामने।

सीख की हर भीख तुमसे माँगती
है खड़ी तत्पर अँगुलियाँ थामने।।

झोलियाँ खाली रही तो सोच लो
पीढ़ियाँ बागी हुई तो सोच लो।
आशीर्वचनों के लिए नीचे झुकी
गर्दनें उठकर तनी तो सोच लो।।

ध्यान रखना षष्टिपूरक सुधी दोस्तो!
प्रलयगर्भा इन घटाओं से ज़रा बचकर रहो।

10 दिसम्बर 2008

▼▼

हिन्दी माँ

देवों की भाषा की ज्येष्ठा
सन्तान रहीं जो भाग्यवान
जिसका आँगन तुलसी, सूरा
कबिरा से है शोभायमान

रसखान, जायसी, घनानन्द
मीरा से सरसी वंश-बेल
फिर पन्त, प्रसाद, निराला से
बेटे आँगन में गये खेल

साकार ओज का महा शैल
जिसका सुत हो 'उर्वशीकार'
उस सरस्वती की दिव्य सुता
हिन्दी माता को नमस्कार

सारी बहनों के लिए खुले
ही रखे रही जो सदा द्वार
सागरों पार तक भेजी हैं
सदियों से स्नेहों की बयार

यह खुले हाथ बाँटती रही
'मानस' के रत्न-विचार सदा

जग पर बरसाती प्रेमामृत
इकतारे की झंकार सदा

कवि-कुल का 'भूषण' छन्दराज
तूफ ान उठाकर चला गया
युग के हिम शीतल शोणित में
रण-ज्वाल जगाकर चला गया

ऐसे कवि-रत्नों की जननी
शिव परम्परा की संवाहक
यह सत्यम् और सुन्दरम की
साधिका और शुभ ध्वजधारक

भारत माँ के उज्ज्वल ललाट
पर पूर्ण चन्द्र सी झलमल झल
माँ वाणी के आरती थाल
की दीप ज्योति पावन निर्मल

यह छन्दमयी, मकरन्दमयी
आनन्दमयी जग कल्याणी
हिन्दी मेरी अपनी माँ है
अनुरागमयी मधुरिम वाणी

22 अगस्त 2008

▼▼

सुधियों के ताप

वे रुपहले दिन
टोकाटाकियों के
रस भरे पल-छिन
कानाबातियों के

पकड़ में आते नहीं हैं
क्षितिज की गोलाइयों से।
वे रुपहले दिन।
मेघ यायावर
नहीं रहते
कभी पक्के मकानों में।
चौकड़ी भरते
विचरते हैं
अजाने आसमानों में।।

छुड़ा अँगुली
भगा बचपन
भला हम रोकते कैसे।
उफनता दूध सा यौवन
भला हम टोकते कैसे।।

वे रसीले क्षण
ताकाझाँकियों के

पारदर्शी मन
निश्छल भाभियों के

दूर ही होते गये हैं
गगन की ऊँचाइयों से।
पकड़ में आते नहीं हैं
क्षितिज की गोलाइयों से।।
वे रुपहले दिन।

सामने
पसरा पड़ा है
मृत्यु-तट तक
मरभुखा सा
दहकता मरुथल।

और उसके
पार भी हैं
दृष्टि-भ्रम से
लुभाते मृगजल
घने जंगल।

वे सलौने छल
अल्हड़ साथियों के
काँपते हाथों लिखे
वे नवल सम्बोधन
प्रणय की पातियों के

आज दुर्गम हो गये हैं
जलधि की गहराइयों से।
पकड़ में आते नहीं हैं

क्षितिज की गोलाइयों से।।
वे रुपहले दिन।

नीड़ उजड़े
नींद तक के
रश्मियाँ तक
ज्योतिहीना हो गईं।
क्या करें?

शब्द गूँगे
पंगु लय हैं
सब सुरभियाँ
तान चादर सो गईं।
क्या करें?

वे लरजते तन
सागर पाँखियों के
वे महकते पल
नशीली घाटियों के

सिफ ॅ यादों में बचे हैं
गाँव की अमराइयों से।
पकड़ में आते नहीं हैं
क्षितिज की गोलाइयों से।।
वे रुपहले दिन।

9 दिसम्बर 2008

▼▼

झुग्गी बस्ती के ठाठ

क्या हुआ कि हम फुटपाथी हैं
दर्दों के सगे सँगाती हैं
सुख-सपनों की चर्चाएँ तक
इस तरफ न आती जाती हैं

लेकिन इतना सुनिये हुज़ूर!
हों राजमहल से भले दूर

अख़बारों की नज़रों में भी
चाहे हों कोई ख़ास नहीं।
हम जिस दौलत के मालिक हैं
वह और किसी के पास नहीं।।

चाहे इस गन्दी बस्ती में
सूरज की किरन न आई हो
ठहरी न पालकी पूनम की
मावस की ही पहुनाई हो

लेकिन दर्दों के दीपों ने
जी भरकर दिये उजाले हैं
इन अर्थों में कुछ ख़ास हैं हम
औ' ऊँचे रुतबे वाले हैं

ऐसा उज्ज्वल गौरवशाली
रजवाड़ों का इतिहास नहीं।
हम जिस दौलत के मालिक हैं
वह और किसी के पास नहीं।।

फ ाकामस्ती की लोक धुनें
पीड़ाओं के इकतारे हैं
दुर्भाग्यों के शास्त्रीय गीत
गा-गाकर जनम गुज़ारे हैं

इन गलियों में आकर देखें
सचमुच तबियत खिल जायेगी
हर झुग्गी में कोई मीरा
बिरहा गाती मिल जायेगी

पन्नियाँ बीनते आसपास
मिल जायेंगे रैदास कई।
हम जिस दौलत के मालिक हैं
वह और किसी के पास नहीं।।

बेबसी रही अपनी गीता
भुखमरी रही है रामायण
सिसकियाँ हमारी चौपाई
हम भी करते हैं पारायण

भोले बाबा, लछमी मैया
के घर-घर टँगे कलेन्डर हैं
अधनंगे जर्जर तन हैं पर
हम मन के बड़े सिकन्दर हैं

होगी वो दिल्ली महारानी
पर हमने डाली घास नहीं।
हम जिस दौलत के मालिक हैं
वह और किसी के पास नहीं।।

हम काठ-कबाड़ बीनते हैं
यह किस्मत की लाचारी है
पर खुद्दारी के हीरों से
अपना बटुवा भी भारी है

ये आँसू के अनमोल रतन
केवल हम पर हैं, हम पर हैं
कल ख़ास ख़बर यह छापो तुम
हम ज़िन्दा अपने दम पर हैं

हम भीख दया की लेने को
फटके महलों के पास नहीं।
हम जिस दौलत के मालिक हैं
वह और किसी के पास नहीं।।

12 दिसम्बर 2008

▼▼

कि लिखना मज़बूरी

कितना-कितना लिख गये लोग
कैसा-कैसा हमसे पहले
वे रहे बादशाह औ' इक्के
हम ज़्यादा से ज़्यादा दहले

मन को मथता ही रहता है
यह द्वन्द्व तर्क औ' चिन्तन का
क्या लिखना अब भी शेष
कि लिखना मज़बूरी?

उपलब्ध रही उनको केवल
बस श्रद्धा श्राद्ध पक्ष वाली
वात्सल्य पूतना के जैसा
ममता कोठे जैसी जाली

फिर भी चलती ही रही कलम
फिर भी न ज़ुबाँ ख़ामोश रही
विष भरे कटोरे कुछ को तो
कुछ को सूली की सेज मिली

हमको दुर्लभ वैसा साहस
वैसी उमंग, वैसा निश्चय

यों यात्रा अब भी शेष
घिसटना मज़बूरी।

क्या लिखना अब भी शेष
कि लिखना मज़बूरी?

रह-रहकर प्रश्न उठा करता
हर रचना के पहले-पीछे
इस श्रम की सार्थकता क्या है?
हम किस-किस से ऊपर-नीचे?

क्या विधि ने सृष्टि रची होगी
रह अन्यमनस्क निर्लिप्त भाव
या कोई लक्ष्य रहा होगा
प्रेरणा बना था कौन चाव

पर देव बताये जाते हैं
हर चाव-चाहना से ऊपर
ये तर्क-वितर्क विशेष
उलझना मज़बूरी।

क्या लिखना अब भी शेष
कि लिखना मज़बूरी?

श्रम-शक्य काव्य का सृजन रहा
अथवा है कोई महाभाव
विहगों ने गीत कहाँ पाये
पुष्पों ने सौरभ औ' खिलाव

ये महादीप रवि-शशि जलते
है कौन विवशता या स्वभाव?
यह गाना, लिखना औ' जलना
स्वान्तः सुखाय या कर्म भाव?

जितना चिन्तन, उतनी उलझन
है सृजन साध्य अथवा साधन
यह संशय सदा अशेष
समझना मज़बूरी।

क्या लिखना अब भी शेष
कि लिखना मज़बूरी?

24 दिसम्बर 2008

▼▼

एक पाती गाँव को

प्यारे गाँव! स्वयं भी मिलने
जल्दी आऊँगा
तब तक मेरे कुशल-क्षेम की
यह पाती पढ़ना।

यहाँ गिरस्ती में उलझा हूँ
कुछ लाचारी है
अभी पीर का पलड़ा सुख से
थोड़ा भारी है

चूल्हे के हँसते रहने का
बँदोबस्त कर लूँ
कर्ज़े के चढ़ते सूरज को
ज़रा अस्त कर लूँ

फिर पीपल की छाँह बैठकर
चैती गाऊँगा
तब तक उसके घर कुनबे की
मुझे ख़बर करना।

यहाँ ननद भावज न मुलकती
छत चौबारे में

लोक लाज की अरथी पसरी
हर ओसारे में

दिन तो दिन है, यहाँ रात भर
रात नहीं सोती
यहाँ पिता की बच्चों तक से
बात नहीं होती

फिर कागज़ की नाव उसी में
आ तैराऊँगा
तब तक उस बूढ़े पोखर की
धीर बाँध रखना।

ज़रा पेनशन कुछ बँध जाये
बस महतारी की
लिस्ट तनिक छोटी हो जाये
हाथ उधारी की

मुनिया को दो चार कापियाँ
नया टिफिन ला दूँ
बड़े डाक्टर को पत्नी की
हालत बतला दूँ

कच्ची अमियाँ पकी जामुनें
जी भर खाऊँगा
तब तक उन पेड़ों की अच्छी
देखभाल करना।

पता चला है, पंच पालते
अब मुसटंडों को
किरकिट लील गई बतलाई
गुल्ली डंडों को

चाची धोबिन, दरजिन ताई
जाने कैसी हैं
क्या अपने पनघट की रौनक
अब भी वैसी हैं?

चन्दन समझ चरण रज तेरी
शीश चढ़ाऊँगा
गली-मोहल्ले सबको मेरी
राम-राम कहना।

11 दिसम्बर 2008

▼▼

एक पाती गाँव से

''चौंतरिया पर घर के द्वारे
बैठे थे परसों भिनसारे
बड़की बिटिया से बतियाते
भीतर-भीतर हारे-हारे

तब बस्ती के ऊपर आकर
आवारा लड़के सा बादल
ठिठका तो था दो-तीन मिनट
लेकिन जाने क्या बात हुई
कंधे उचकाकर चला गया।''

घर से अम्मा का मिला पत्र
हमने जैसे ही पढ़ा पत्र
पत्नी की मुझसे नज़र मिली
चिट्ठी का शब्द-शब्द मन में
तूफ ान उठाकर चला गया।

''टखनों तक पानी शेष बचा
बरगद के पास तलैया में
आशाओं के सन्देश नहीं
पछुवा में या पुरवैया में

कुछ ऐसे अटके-भटके हैं
कर्ज़े की भूल-भुलैया में
आँखों को फ क ़ नहीं दिखता
कोयलिया में गोरैया में

जो अबके राम नहीं बरसे
अबके भी खेत नहीं सरसे
तो भीख मौत की माँगेंगे
धरती मैया से, अम्बर से''

पाती का हर आखर-आखर
मन पर पाला सा बरसाकर
तन में ज्वाला सी धधकाकर
आँखों में पैनी कील गाड़
बेहाल बनाकर चला गया।

आवारा लड़के सा बादल
कंधे उचकाकर चला गया।

''आ चुके तकाज़े कई बार
क्यों देर लली के गौने में
बैलों की जोड़ी औ' कजरी
कल बेची औने-पौने में

हैं इधर बहू के पग भारी
किससे इस चिन्ता को बाँटें
काँटों की फ सल जवान हुई
कैसे इसको काटें-छाँटें

परसों बिल्ली ने प्राण तजे
झबरा मोती भी आज मरा
खेतों में सूखे का पहरा
नीड़ों-नीड़ों मातम पसरा

यह बजमारा मूरख सम्वत
ये सारे बादल बेग़ैरत
मौसम की इनसे मिलीभगत

यह तीन-तिगड्डा लाज-भरम
का चीर चुराकर चला गया।''

आवारा लड़के सा बादल
कंधे उचकाकर चला गया।

जो बोले थे गाँधी बाबा
जो बोले बाबू बंगाली
जाने कब आयेगा सुराज
जायेगी कब यह बदहाली

सूखों भूखों के बारे में
जाने कब सोचेगी दिल्ली
कब खाल नोचना छोड़ेगी
कब आँसू पोंछेगी दिल्ली

प्रतिबन्ध लगेगा कब जाने
ध्वंसों की धमाचौकड़ी पर
वैभव के समदर्शी बादल
बरसेंगे कभी झोंपड़ी पर

अब लहरें लजवन्ती होंगी
सब किरणें सतवन्ती होंगी
सूरज अधरों को परस-परस
मुरझाई अलसित पलकों पर
शुभ स्वप्न सजाकर चला गया।''

आवारा लड़के सा बादल
कंधे उचकाकर चला गया।

25 दिसम्बर 2008

▼▼

शंखधर

आतंकित हैं दशों दिशाएँ
आशंकित कतरा-कतरा है
दावानल से नहीं, नीड़ को
स्वयं परिन्दों से खतरा है

सागर टोक रहे नदियों को
वापिस लौटो, इधर न आओ
चपलाएँ मेघों को बरजें
धरती से मत नेह बढ़ाओ

कलमकार के कंधों पर ही
अब सारी जिम्मेदारी है
बार-बार मेरे कानों में
समय यही कहता रहता है।
इसलिए मेरे हाथों में
वंशी नहीं, शंख रहता है।।

अन्धे दौड़ रहे सड़कों पर
हाथों में ले बुझी मशालें
इस जुलूस से जब भी चाहें
जिसकी जय-जयकार करा लें

अन्धकार को कोसें भी क्यों
अपना ही सूरज काला है
वह बगिया महके भी कैसे
पतझर जिसका रखवाला है

किसी घाट पर जाकर देखो
वहीं एक विषधर रहता है।
इसीलिए मेरे हाथों में
वंशी नहीं, शंख रहता है।।

अब जाकर यह पता चला है
किन्नर करते थे अगुवाई
नाकारा बूढ़ी पीढ़ी के
हाथों छली गई तरुणाई

इन्हें सर्प सा सूँघ गया है
जायें तो किस पथ पर जायें
सिंहों की टोली के सम्मुख
गीदड़ दल जय-ध्वज लहरायें

क्लीव शिखण्डी के आगे ज्यों
बेबस भीष्म बाण सहता है।
इसीलिए मेरे हाथों में
वंशी नहीं, शंख रहता है।।

मुझको है विश्वास कि फिर से
सोया शौर्य जगा ही लूँगा
अन्धकार की छाती पर भी
फिर से भोर उगा ही लूँगा

बेशक बाज़ी हार गई हो
लेकिन समर नहीं हारी है
पौरुषयुक्ता अनीकिनी यह
अब भी रिपु दल पर भारी है

महाप्रलय में भी सृजनों का
बीज सुरक्षित ही रहता है।
इसीलिए मेरे हाथों में
वंशी नहीं, शंख रहता है।।

मुख में जीभ रखी थी तब ही
सच कहने की कसम सौंप दी
दाता ने सच-सच लिखने को
अग्निवंशजा कलम सौंप दी

जहाँ कहीं अन्याय दिखा है
वहीं-वहीं पर रार ठान ली
दुःशासन हो या कि दशानन
ताल ठोक तकरार ठान ली

लक्ष्मण वाला रक्त कदाचित
मेरी धमनी में बहता है।
इसीलिए मेरे हाथों में
वंशी नहीं, शंख रहता है।।

29 मई 2009

▼▼

आदित्य जी की स्मृति में

आखिर कितना लेखनी लिखे
घर-घर की करुण कथाओं को
कब तलक बखानेगी जिह्वा
पग-पग पर खड़ी व्यथाओं को

हम सबकी आँखों के आगे
अनगिनत सितारे टूट गये
सौभाग्यों के सौ-सौ शुभ घट
रे बिना महूरत फूट गये

सूरज-चन्दा ग्रस लिये गये
निर्मम खग्रासों के द्वारा
पर वे तो ठहरे देव अमर
नभ पर आ जाते दोबारा

लेकिन यह कैसा ग़जब हाय!
वह काव्य-गगन सूर्य प्रखर
जो स्वयं ओउम् का उजियारा
कैसे पारे सा गया बिखर

भोपाल नगर की स्याह सड़क
कर गई सूर्य का तेज भंग

लय की गति पर यति दे सहसा
लीले सारे स्वर, ताल, छन्द

जिस ठौर टूट आदित्य गिरा
भू धन्य हुई या भाग्यहीन?
वह हतभागा क्षण था जिसमें
गाते-गाते सो गई बीन

गम्भीर, शिष्ट, शालीन हास्य
रस की आभा श्रीहीन हुई
साकार व्यंग्य की परम्परा
पल भर में कहीं विलीन हुई

पागल मन तो अब भी कहता
आता होगा, आयेगा ही
वह मेरा सहचर, मीत, बन्धु
उस तेवर में गायेगा ही

पर स्वप्न कहाँ सच होते हैं
बस पलक खुली औ' टूट गये
पुतलियाँ तरसती रह जाती
वे रंगमहल कब छूट गये

यों तो महफि लें सजेंगी ही
फिर भी होंगे कवि सम्मेलन
कवि मित्र रहेंगे करते ही
नित व्यंग्य शरों के प्रक्षेपण

लेकिन वह तीखी धार कहाँ?
सुखदायक मीठी मार कहाँ?
मरुथल का मन भी हरा करे
वह रसभीनी बौछार कहाँ?

वह शब्द-शब्द में गूढ़ अर्थ
लक्ष्यार्थ कहाँ, लालित्य कहाँ?
मंचों पर नज़रें खोजेंगी
खो गया हाय! आदित्य कहाँ?

3 जुलाई 2009

▼▼

कैसे कलमकार सो जाये

निष्प्रभ हुई सिद्धियाँ सारी
सब साधक निश्चेष्ट पड़े हैं
ज्योतिहीन हो चली रश्मियाँ
गुमसुम सूरज चाँद खड़े हैं

तिमिरों के घर में जलसे हैं
जश्न साजिशों की महफि ल में
दूल्हे बने विनाश घूमते
मरघट आ बैठे हर दिल में

ऐसे ख़ौफ ज़दा मौसम में,
कैसे कलम मौन रह जाये।
कैसे नयन बग़ावत मूँदे
कैसे कलमकार सो जाये।।

माना असुरों का कब्जा है
देवलोक के इन्द्रासन पर
माना अशुभ अँधेरा बैठा
सूरज के पावन आसन पर

मान लिया इस महासमर में
षड़यन्त्रों की जीत हुई है
यह भी माना, निर्माणों पर
विध्वंसों की जीत हुई है

पर इतने से यह न समझना
अंगारे निष्प्राण हो गये
आत्मघात कर गये उजाले
या फिर चादर तान सो गये

सर्वनाश के वक्षस्थल पर
जब तक नया सृजन लहराये।
कैसे कलम मूँद ले पलकें
कैसे कलमकार सो जाये।।

सो जा मेरी सजल व्यंजना
मेरी सरल लक्षणा सो जा
ओ वक्रोक्ति! मौन रह कुछ दिन
ओ रे अनुप्रास! चुप हो जा

यह न समझना बिना तुम्हारे
मैं बेचारा हो जाऊँगा
जब तक अग्निवंश मूर्छित है
मैं अभिधा में ही गाऊँगा

आदिकाल से वर्तमान तक
दुष्चक्रों से कलम लड़ी है
दिखने में चाहे नन्ही हो
इसकी ताकत बहुत बड़ी है

जब तक रक्तबीज की सन्तति
तक निरवंश नहीं हो जाये।
कैसे कलम बगावत छोड़े
कैसे कलमकार सो जाये।।

राष्ट्रद्रोह के महाप्रेत ने
सारी हदें पार कर डाली
सुभग देशमाता की चुनरी
पूरी तार-तार कर डाली

उधर काठ सा मार गया है
सारे तेजवन्त बेटों को
गीदड़ तक अंजाम दे रहे
वनराजों के आखेटों को

इन सबसे बेफि क्र हमारी
दिल्ली कफ न ओढ़ सोती है
इससे ज़्यादा महापतन की
हालत बोलो क्या होती है

जब तक ताण्डव रचें न शंकर
नयन तीसरा ना खुल जाये।
कैसे कलम झपकियाँ ले ले
कैसे कलमकार सो जाये।।

मैं कैसे बन रहूँ विदूषक
कैसे धन की फसलें काटूँ
क्यों केवल तालियाँ बटोरूँ
क्यों ना महातिमिर को छाँटूँ

अन्धकार की बंजर भू पर
एक किरण तो बोऊँगा ही
महाविनाशों के मरुथल में
एक सृजन तो बोऊँगा ही

महामरण के आँगन में भी
एक जागरण गीत सुनाऊँ
इतना भी कर सकूँ नहीं तो
अपना कंठ कतर मर जाऊँ

जब तक पुष्यमित्र की पीढ़ी
तनकर खड़ी नहीं हो जाये।
तब तक कलम मौन क्यों धारे
कैसे कलमकार सो जाये।।

23 नवम्बर 2009

▼▼

किस ओर चलूँ

मेरे सम्मुख बनी विभाजक रेखा है
मैंने उसके आरपार जो देखा है
दृश्य मनोरम भी है, पीड़ादायक भी
सीख सिखाने वाला, हँसने लायक भी

कुछ खड़े राम की राहों में
कुछ बँधे काम की बाँहों में
मैं सोच रहा, किस ओर चलूँ।
इस ओर चलूँ, उस ओर चलूँ।।

जिसका छोड़ा बाण लक्ष्य तक जाता है
वही धनुर्धर उत्तम माना जाता है
शवयात्रा में शामिल भी अब हर कोई
मरघट तक जाने की रस्म निभाता है

उस दिन मैं भी यों ही था श्मशान गया
लेकिन मेरे संग-संग अनुमान गया
एक दिवस मैं भी इस पथ से आऊँगा
दो दिन पीछे देखूँगा दिनमान नया

तारा बन नभ में बस जाऊँ
या इसी गाँव वापिस आऊँ
मैं सोच रहा, किस ओर रहूँ।
मैं सोच रहा किस ओर चलूँ।।
रीति चली यह मेरे नये ज़माने की

या इसकी नीवें हैं समय पुराने की
मोल भाव कर प्यार बेचने-लेने की
लाभ देखकर अपनाने-ठुकराने की

कभी बिके भगवान प्यार के मोल यहाँ
मंडी से गायब अब मीठे बोल यहाँ
एक-एक करवट की कीमत लाखों में
माथों की सलवटें लुटी बेमोल यहाँ

मैं खुद का मोल बताऊँ क्या
दो कौड़ी में बिक जाऊँ क्या
या हर कीमत अनबिका रहूँ।
मैं सोच रहा, किस ओर चलूँ।।

श्रीमानों की बात सुनें या सन्तों की
अवतारों की मानें या अरिहन्तों की
ब्रह्म जगत में सत्य किसे माना जाये
अथवा खुद का खुद से रण ठाना जाये

ढलता सूरज साँझ कान में बोल गया
उड़ता बादल उसी कथ्य को तोल गया
आगे-पीछे ठाँव छोड़ना ही होगा
पाँसे, चौसर, दाँव छोड़ना ही होगा

इस शाम नहीं तो भोर सही
यह ग्राम नहीं तो और सही
मैं सोच रहा, किस ठौर गलूँ।
मैं सोच रहा, किस ओर चलूँ।।

24 नवम्बर 2009

▼▼

चार दर्द

एक दर्द पनघट का तो
एक दर्द मरघट का भी।
एक दर्द दरपन का तो
एक दर्द पतझर का भी।।

जितनी गागर आई खाली
क्रूर, कलंकित, भोली-भाली
समदर्शी ठहरा पनघट तो
बिना बिचारे सब भर डाली

पेट भरा सबने मुँह मोड़ा
पनघट को एकाकी छोड़ा
अपनी-अपनी गैल गई सब
नहीं किसी ने नाता जोड़ा

उसने सबकी सुनी कथाएँ
उसकी गाथा बिना कही।
पनघट का है दर्द यही।

एक दर्द पनघट का तो
एक दर्द मरघट का भी।

उसने किसे दिया आमन्त्रण
सब ही जाते बिना निमन्त्रण

कोई ओढ़ उदासी जाता
कोई जाता सजधज-बनठन

वह तो सबको कंठ लगाता
फिर भी हर कोई भय खाता
मुक्ति मार्ग का वाहक है पर
जग उस पर थू-थू बरसाता

सबने जिसका गेह छुड़ाया
उसने उसकी बाँह गही।
मरघट का है दर्द यही।।

एक दर्द दरपन का भी।
एक दर्द पतझर का भी।।

रूप-कुरूप, सलौनी छाया
सबको अन्तर में बैठाया
कितनी ही फूहड़ शक्लों को
उसने नखरा-नाज़ सिखाया

लेकिन कौन बनी है साथी
पड़ा मेज़ पर वह एकाकी
वह ना होता तो हर सूरत
खुद से अनजानी रह जाती

पर अब कौन पूछने जाता
उसने क्या-क्या व्यथ सही।
दरपन का है दर्द यही।।

एक दर्द दरपन का तो
एक दर्द पतझर का भी।

ऋतुओं की जब ढले जवानी
लगता है लो खत्म कहानी
भँवरों की गुनगुन मर जाती
कलियों की महफि ल बेमानी

गन्धों को मिलता निर्वासन
सुषमा का छिनता सिंहासन
तब वह पौध बहारों की ले
ठौर-ठौर करता प्रस्थापन

फिर भी सहे गालियाँ सबकी
टेढ़ी सबकी नज़र रही।
पतझर का है दर्द यही।।

26 जनवरी 2010

▼▼

उपाय

जीते जाते हैं समर नहीं मेरे भाई
केवल पुरखों की शौर्य कथाएँ गाने से
गर्दभ क्या रण का अश्व कभी बन सकता है
केवल बस केवल चेतक नाम रखाने से

केवल प्रकाश से नहीं, आग के कारण ही
युग-युग से सूरज मार्तण्ड कहलाता है
मेघों की छवि से नहीं, भयंकर गर्जन से
पूरा नभ मण्डल थर-थर-थर थर्राता है

इसलिए त्याग कर राग प्यार मनुहारों के
अपने स्वर में धक-धक करते अंगार भरो
आँखों से कहो कि लावा बस लावा उगलें
पाँवों को ताण्डव नर्तन हित तैयार करो

विषधर को लोरी भायें, यह इतिहास नहीं।
अब कोई और उपाय तुम्हारे पास नहीं।।

सागर, भूधर नर को तब ही पथ देते हैं
जब पावक-शर प्रत्यंचा पर सध जाता है
जब-जब भी सुरपति का आसन खतरे में हो
रक्षा हित कोई नहुष सामने आता है

भगवान भले ही विनय, वन्दना मान झुकें
शैतान समझते केवल खड्गों की भाषा

तुम कहाँ व्याल से प्यार माँगने निकल पड़े
छोड़ों ठूँठों पर फूल महकने की आशा

तुम कोई शिव तो नहीं, सिफ ´ नश्वर नर हो
छल का हालाहल पीते ही मर जाओगे
ये वीतरागियों जैसे सब आचरण तजो
वरना भूलों पर जीवन भर पछताओगे

अब केशव सरिस सहाय तुम्हारे पास नहीं।
अब कोई और उपाय तुम्हारे पास नहीं।।

भिक्षा में मिलते रत्न किसे, कब, कहाँ भला
उनकी खातिर सागर को मथना पड़ता है
करगिल की चोटी पर फर-फर जय-ध्वज फहरे
इसलिए सिंदूरों तक को जलना पड़ता है

निष्कण्टक मथुरा रहे, चैन से रहे प्रजा
इसलिए कृष्ण जूझा करते हैं कंसों से
इसलिए मगरमच्छों का मरण जरूरी है
हर समय सरोवर रहें सुशोभित हंसों से

शुभ होली हो गुलज़ार, दिवाली सजी रहे
इसलिए आँधियों की चालों पर नज़र रखो
यमुना का जल निर्मल, पावन, विषहीन रहे
इसलिए कालियों के फन-फन पर चरण धरो

अब कोई पन्ना धाय तुम्हारे पास नहीं।
अब कोई और उपाय तुम्हारे पास नहीं।।

15 फरवरी 2010

प्रवासी पुत्रों के नाम

मैं तो माँ हूँ
भारत माँ हूँ
कोटि-कोटि पुत्रों की माँ हूँ
भारत माँ हूँ।

एक सँदेसा भेज रही हूँ
उन बेटों को
जो कि सागरों पार गये हैं
कुछ तो गये उछलते गाते
कुछ होकर लाचार गये हैं।

कुछ तो गये पूछकर मुझसे
कुछ ऐसे जो रूठ गये हैं
वे ऐसे हैं, ज्यों कुछ तारे
नैश गगन से टूट गये हैं

बच्चे भले रूठ जायें पर
माँ को कहाँ रूठते देखा
अनगिन तारे टूटा करते
नभ को कहाँ टूटते देखा

लेकिन कुछ टूटा करता है
अम्मा का भी, अम्बर का भी
वही, वही टूटा करता है
पर्वत का भी, सागर का भी

जब भी तारा नभ से बिछुड़ा
रत्न बिछुड़ता जब सागर से
जब-जब सुमन डाल से बिछुड़ा
या झरना बिछुड़ा पर्वत से

जब कोई बेटा या बेटी
छोड़ा करते माँ का अँगना
कुछ ऐसा वह क्षण होता है
जैसे भंग भोर का सपना

एक दर्द सबका साझा है
माँ हो, नभ हो, पर्वत, डाली
सबका दिल टूटा करता है
सीने रह जाते हैं खाली

मेरा भी दिल ही टूटा था
जब तुम गये छोड़कर गोदी
जाने कैसे-कैसे रोके
इन आँखों से झरते मोती

भले समन्दर पार गये हो
मेरी गोद बिसार गये हो
पर मेरा मन डरा-डरा है
कुछ यादों से भरा-भरा है

आखिर माँ हूँ
भारत माँ हूँ
कोटि-कोटि पुत्रों की माँ हूँ
आखिर माँ हूँ।

आखिर कारण जो कुछ भी हों
अब जब बन ही गये प्रवासी
हो तो अब भी घरबारी ही
नहीं बने साधू संन्यासी

दूर सागरों पार गये हो
लेकर सपन हज़ार गये हो
लेकिन उनको नहीं भूलना
लेकर जो संस्कार गये हो

कृष्ण देवकी का जाया था
पला यशोदा के आँचल में
तो भी रक्त देवकी का ही
दौड़ रहा था हर नस-नस में

और रक्त में रचे-बसे थे
सारे गुण मैया जननी के
वे ही तो दौड़ा करते थे
आर-पार धमनी-धमनी के

इसीलिए कह रही तुम्हें भी
ओ मेरे लाखों कान्हाओ!
भले नन्दनन्दन बन जाओ
भले यशोदा-सुत कहलाओ

लेकिन अपनी मातृभूमि के
यश को अक्षत उज्ज्वल रखना
रामायण, गीता, वेदों की
पावनता को निर्मल रखना

गौरवमय इतिहास तुम्हारे
पुरखों ने जो रचा रुधिर से
यश गाथा ऋषियों-मुनियों की
अब भी गुंजित गिरि गह्वर से

अपने पूर्वजों की थाती
अगली पीढ़ी तक पहुँचाना
इसी तरह मेरे दूधों का
मेरे बच्चों कर्ज़ चुकाना

मुझको कहना ही पड़ता है
ग़म भी सहना ही पड़ता है
आखिर माँ, भारत माँ हूँ
कोटि-कोटि पुत्रों की माँ हूँ।

मैंने मेघदूत भेजे थे
तुमसे सभी मिले तो होंगे
उनके हाथों जो ख़त भेजे
वे भी सभी पढ़े तो होंगे

चार चिट्ठियाँ बाँध चाँदनी
के पल्लू में भी भेजी थी
चन्द लोरियाँ रटा-रटाकर
तुम्हें सुनाने को भेजी थी

बाँची होंगी सभी चिट्ठियाँ
लोरी सुनी सुनाई होंगी
चार पलों के लिए सही पर
कुछ यादें तो आई होंगी

वे यादों के पल ही सचमुच
मेरे लिए रत्न, गौहार हैं
मैं तो इतने में ही खुश हूँ
यादों के सिलसिले अमर हैं

मेरे घर का चाँद तुम्हारे
घर तक भी जाता-आता है
भरकर अमृत कलश तुम्हारे
आँगन में धरकर आता है

उन कलशों को मेरे लालो!
मैंने चूम-चूम भेजा है
पलकों से छू-छू भेजा है
घंटों झूम-झूम भेजा है

तुम पी लो दो घूँट अगर तो
सफल सपूती मैं हो जाऊँ
इस छाती का दूध पी रहे
ऐसा सोच-सोच सुख पाऊँ

आखिर तो जननी हूँ, माँ हूँ
कोटि-कोटि पुत्रों की माँ हूँ।
आखिर माँ हूँ
भारत माँ हूँ।।

31 मार्च 2010

▼▼

एक वर्जना

अच्छा होगा तुम अपनी राह चले जाओ
मतलब न रखो कुछ मेरे पतों ठिकानों से
अपना पथ सबको ठीक लगा, प्रिय मंज़िल भी
उपवन से होकर जाय कि कब्रिस्तानों से

मैंने मक सद तक कभी नहीं पूछा तुमसे
तुम पूछ रहे हो गोपन से गोपन भी हमसे
हे मीत! यही व्यवहार तुम्हारा ठीक नहीं।
यह नटखट शिष्टाचार तुम्हारा ठीक नहीं।।

कुछ भाव दबाये रखना मज़बूरी होता
कुछ घाव छिपाये रखना एक विवशता है
कुछ दर्द उजागर होना नरक भोगना है
कुछ सपनों का मर जाना बहुत कसकता है

अच्छा है स्मृतियों की समाधियाँ गुप्त रहें
वे ज्ञात हुई तो जीते जी मर जाना है
कुछ मधुर पलों के शव अच्छा है ढँके रहें
वे उघर गये तो शेष जनम सड़ जाना है

कच्ची नींदों में मत छेड़ो पीड़ाओं को
यह ख़तरनाक खिलवार तुम्हारा ठीक नहीं।
यह नटखट शिष्टाचार तुम्हारा ठीक नहीं।।

हम कहाँ सँजोकर रख पाते कड़वी-मीठी
सुधियों के गौहर मन की शुभ मंजूषा में
फिर भी जीवन की संध्या बेला में सब ही
गिनते रहते खोया-पाया जो ऊषा में

उपलब्धि और असफलता का लेखा-जोखा
चौथेपन की आवश्यक सी लाचारी है
उल्लस, त्रास, यश, अपयश चाहे जो भी दे
फिर भी यौवन पूरे जीवन पर भारी है

इतिहास पूछने बैठ गये मधुपर्वों का
यह प्रश्नों का अम्बार तुम्हारा ठीक नहीं।
हे मीत! यही व्यवहार तुम्हारा ठीक नहीं।।

जब लहर गोद से फेंक गई निर्मम होकर
तो शंख सीपियों को तट पर ही रहना है
बच्चे खेलें या रहें राम के मन्दिर में
अपना घर तो बन गया सदा को सपना है

इस तरह कलपता और विहँसता रहता मन
खोया रहता है सौ-सौ मादकताओं में
जो स्वप्न महल रह गये अधूरे आधे ही
उलझा रहता है बस उनकी गणनाओं में

चुप रहूँ, हँसूँ, रोऊँ, गाऊँ मेरा निर्णय
यह बिना वज़ह तकरार तुम्हारा ठीक नहीं।
यह नटखट शिष्टाचार तुम्हारा ठीक नहीं।

24 नवम्बर, 2009

▼▼

कविवर शमशेर बहादुर सिंह के प्रति

हे धृति के द्युतिमान वलय से मण्डित
चिर आलोक पुरुष!
हे अनबुझ प्यासों के दावानल में
पद्मासन में बैठ अकम्पित
दृढयोगी के तप-व्रत सी साधना सहेजे
किसी यक्षिणी की सुधियों को अमर बनाने
की धुन में तल्लीन
तेज के महापुंज हे!

सर्व प्रथम नैवेद्य करो स्वीकार
अचीन्ही एक कलम की
चिर संचित पावन श्रद्धा का।

जन्म-जन्म के
कठिन-कठिन अनगिन सपनों को
अपने तरकश में आरक्षित रखने वाले
हे अनुपम रणजेता शब्द वीर!
तुम दिखते तो थे मौन
किन्तु नित ऊँचे स्वर में
सदा बोलती रही तुम्हारी बात
खोलती ही रही पर्तें हर भेद की।

ओ निराला के राम के
नयन-कमल की पलक-पाँखुरी पर ठहरे
झिलमिलाते अनमोल अश्रु!
भगवान विश्वनाथ की पावन काशी में
आर्यों का शंखनाद
और मन्दिरों का घंटनाद
सुन-सुन
आत्मविभोर हो जाने वाले
ताजा माखन से मसृण हृदय के स्वामी!
यह आर्यों का आदिदेश
फिर तुम्हें पुकार रहा है।
लौट आओ हे गीत-ऋषि!
तुम तो दूसरा जन्म बार-बार
हर घंटे लेने को उत्सुक ये ना।
तुमने ही तो लिखा था
"मैं भारत गुण-गौरव गाता।
श्रद्धा से
उसके कण-कण को
उन्नत माथ नवाता।।"
हे खरी बात कहने वाले मुज़फ़्फ़ रनगरी!
ओ काल से होड़ ठानने वाले अपराचित!
अरे माध्यम को भी भेद
उसके पार जाने की अभीप्सा
और सामर्थ्य रखने वाले शमशेरसिंह!
आओ
हमारे बीच एक बार फिर आओ।

वह सागर
जिसमें तुमने देखी थी
ऊर्धस्व धारा
और
आदि सरस्वती का आदि भाव
तथा दिया था परामर्श
किसी देवापगा को
उसी में समाने का,
तुम्हारी प्रतीक्षा में नयन बिछाये
उदग्र ज्वारों के अगिन कंठों से
आज भी उद्गीय सुना रहा है
ताकि तुम तक पहुँच सके कोई स्वर-तरंग
आरोही या अवरोही।
और तुम उसके तट पर
खड़े होकर
नतग्रीव, नमन मूँदे, हाथ जोड़े
अस्फुट से स्वर में कहो

"लो मैं उपस्थित हूँ हे महोदधि!
मेरे आराध्य!
तेरे महातट पर खड़े होकर
निराला के श्रीराम ने
अपना जटाजूट कभी कसकर बाँधा था
रावण को दण्डित करने की तैयारी में।
आज मैं उपस्थित हूँ सशरीर
आपका शुभाशीष पाने को।"

जिस भरतभूमि को
अथर्ववेद के ऋषि की भाँति
तुमने माँ कहकर किया था सम्बोधित
(देते हुए उपालंभ सा)
वही माँ वसुन्धरा
याद कर रही है तुम्हें
बड़ी ही बेचैनी से।
कब आओगे हे तपः पूत
उसकी गोद धन्य करने।

यहीं पर तो आये थे
बहुत सारे देवता
तुम्हें देखने एक साथ।
हम नहीं बूझ पाये अब तक भी
पहेलीनुमा उस कथन का सही तात्पर्य
जिसमें ज़ोर देकर आपने
सुनाना चाहा था देवताओं को वह पद
"यो सम कौन कुटिल, खल, कामी।"
क्या वह भाव था
हारे को हरि नाम वाला
या हमारी संस्कृति में वर्णित
दास्य भाव की भक्ति का स्वर था वह?

आपने चाहा था
आत्मा से चूमना नये मानों को

झरने की तरह तड़पना
लेटकर प्यास के पहाड़ों पर
क्योंकि खुद को मानते थे आप
पन्त के कुमार छायावादी सावन-भादों की चोट।

ओ हिन्दी-उर्दू के दोआब
तुम्हारे होते थी किसमें ताब
कि भाषाओं में भेद करे
उनके नाम पर लड़े मरे।
तुम कह तो गये
कि
कई दृश्य, मूर्त्त द्वापर और सतयुग
झाँकते हैं हमें
मध्य युग से खिलखिलाकर।
पर वह सिलसिला तो
अभी भी चल रहा है अनवरत।
किन्तु कौन समझाये हमें अब
युगों का दर्द
मन्वन्तरों की पीड़ा
और कल्पान्तरों की बेचैनी?

अब तो हम
प्रगतिशीलता के नाम पर
विदेशी विचारों की बासी जूठन
परोस रहे हैं नई पीढ़ी को
और आत्म मुग्ध होकर

पूर्णकाम साधक से घूम रहे हैं।
क्या तुम सचमुच हताश थे
आयु के अन्तिम चरण में
ओज के नगराज दिनकर भाँति?
या खीझकर बोल उठे थे
  "मैं तो अब
  किंवदंतियों में भी नहीं पाया जाऊँगा।"

हे शब्द ब्रह्म के साधक!
काव्य-ऋचाओं के उद्गाता!
ऋषि-संस्कृति के आराधक!
दार्शनिक देवांशधारक!
भावी के माथे की
अस्पष्ट लकीरों को भी पढ़ने में समर्थ।
तुम तो हमारे युग की महापोथी में अंकित
एक अजर, अमर, चिर युवन्यु
चिर सरस और प्रासंगिक
महागाथा हो।

हे जनश्रुतियों के प्राणाधार!
किस किंवदंती में है ऐसा सामर्थ्य
जो समेट सके तुम्हें स्वयं में।

तुम तो
भगवान का वह विराट स्वरूप हो
जिसमें समाहित हैं

गंगा और वोल्गा एक साथ
अपने मूल स्वभावों और प्रभावों सहित।
जो प्यार कर सकता है
अमरीका के लिबर्टी स्टेचू
और मास्को के लाल तारे को
बेझिझक एक साथ
वह लोकोत्तर पुरुष हो आप।

समय को साम्यवादी की संज्ञा
दे पाये ये केवल आप
शायद इस अर्थ में
कि वह
पंडे और पुजारी
सन्त और घरबारी
विज्ञ और अनारी
राजा और भिखारी
सबको समान भाव से
दंडित और पुरस्कृत करता है।

उसी समय ने
वाय-दक्षिण का झंझट त्याग
बिठा दिया है आपको
ध्रुव तारे के पास
बिल्कुल पास
जहाँ
सप्तर्षि आपकी प्रदक्षिणा करते हैं।

एक खरे किसान का बेटा
जा बैठा इतने ऊँचे
यह हर कमकर के लिए
हर हलधर के लिए
गर्व की बात नहीं
क्या है और?
कहो तो
और क्या है?

▼▼

बलवीर सिंह 'करुण' : एक दृष्टि में

जन्म : 7 जून 1938 (गंगा दशहरा) बागपत (उ.प्र.) के ग्राम किरठल के एक कृषक परिवार में।

माता : श्रीमती बख़्तावरी देवी

पिता : चौधरी अमन सिंह

शिक्षा : एम.ए. (हिन्दी), बी.एड.

प्रकाशित साहित्य : **काव्य :** मैं द्रोणाचार्य हूँ (महाकाव्य); 2. समरवीर गोकुला (महाकाव्य); 3. विजयकेतु (खण्डकाव्य); 4. बिगुल; 5. बोले रक्त शहीद का; 6. देश की माटी दे आवाज; 7. प्रहरी मेरे देश के; 8. गीत गन्ध बावरी; 9. गीत कपोत पूछते हैं; 10. मन मरुस्थल बोल; 11. कितने पर्दे और उठाऊँ

उपन्यास : 1. पांडव सखा श्रीकृष्ण; 2. भीष्म पितामह; 3. ययाति; 4. द्रोणाचार्य

सम्पादित काव्य संकलन : 1. अलवर के स्वर; 2. अरावली गुंजन; 3. लहर पर लहर

सम्मान एवं पुरस्कार :

1. अवन्तीबाई सम्मान (दो लाख रुपये) उ.प्र. हिन्दी संस्थान, लखनऊ।
2. मीरा पुरस्कार, राजस्थान साहित्य अकादमी का सर्वोच्च पुरस्कार।
3. विशिष्ट साहित्यकार सम्मान, राजस्थान साहित्य अकादमी।
4. पंडित भवानी प्रसाद मिश्र पुरस्कार, मध्यप्रदेश साहित्य अकादमी, भोपाल।
5. राष्ट्र प्रचेता डॉ. ब्रजेन्द्र अवस्थी पुरस्कार, बदायूँ क्लब, (उ.प्र.)
6. महाकवि देव पुरस्कार, श्री नारायण विद्या आश्रम, किशनी, (उ.प्र.)
7. त्रिवेणी साहित्य पुरस्कार, श्री चन्द्रभूषण उपाध्याय राष्ट्रभाषा परिषद, बाँकुड़ा (बंगाल)
8. गुरु गोलवलकर पुरस्कार, संस्कार भारती, दिल्ली
9. निरालाश्री सम्मान, ब्रज प्रेमी साहित्य मंडल शाहदरा, दिल्ली
10. पंडित दीनदयाल उपाध्याय साहित्य पुरस्कार, श्री छोटी खाटू (नागौर), राज. हिन्दी पुस्तकालय।
11. महादेवी वर्मा सम्मान, महादेवी वर्मा स्मृति पीठ फर्रूखाबाद, (उ.प्र.)
12. हिन्दी सेवा सम्मान, हिन्दी यू.एस.ए., अमरीका।
13. राष्ट्रीय साहित्य सृजन सम्मान, राजस्थान धरोहर संरक्षण एवं प्रोन्नति प्राधिकरण, जयपुर

सम्प्रति : राजस्थान शिक्षा विभाग के प्राचार्य पद से सेवा निवृत्त होकर स्वतन्त्र लेखन।

विदेश यात्रा: 1. जुलाई 2007 में 8वें विश्व हिन्दी सम्मेलन में भाग लेने हेतु अमरीका।

2. हिन्दी यू.एस.ए. के आमन्त्रण पर एक माह की साहित्यिक यात्रा पर मई 2010 में पुनः अमरीका।

सम्पर्क : 67, केशवनगर, अलवर (राजस्थान) 301001

दूरभाष : 0144-2332899

जुलाई : 09414789838, 09024708034

ई.मेल : balveersinghkarun@gmail.com